JUEGOS DE MATES
para niños listos

Juegos y soluciones creados
por el Dr. Gareth Moore

B.Sc (Hons) M.Phil Ph.D

Ilustraciones y cubierta
de Chris Dickason

Diseñado por Janene Spencer
y Zoe Bradley

☆

Editado por Imogen Williams

☆

Diseño de cubierta de Angie Allison

¿JUEGOS DE MATES para niños listos

Título original: *Maths games for clever kids*

ISBN: 978-88-9367-801-8

Copyright © Buster Books 2018

Copyright © Adriano Salani Editore s.u.r.l.

Traducción: Montse Triviño

Maquetación: Emma Camacho

Primera edición: febrero 2020

INTRODUCCIÓN

¿Te atreves con un desafío? Este libro contiene 101 juegos matemáticos pensados para bombardear tu cerebro. Puedes resolver los juegos sin seguir un orden determinado, pero los rompecabezas van aumentando de dificultad a medida que el libro avanza, así que lo mejor es empezar por el primero e ir progresando.

Al principio de cada página encontrarás un espacio en blanco para anotar el tiempo que has tardado en resolver cada desafío. No tengas miedo de anotar todo lo que necesites en cada página: es una táctica que te resultará muy útil para reflexionar mientras trabajas en los distintos juegos. Al final del libro encontrarás varias páginas en blanco, que también puedes utilizar para hacer las operaciones que necesites.

Lee las sencillas instrucciones de cada página antes de enfrentarte a los juegos. Si te atascas, vuelve a leerlas por si acaso se te he escapado algo. Utiliza un lápiz: en el caso de que te equivoques podrás borrar lo que hayas escrito y empezar de nuevo.

Si aun así te cuesta resolver estos juegos, pregunta a un adulto. De todos modos…, ¿sabes que en realidad tu cerebro es mucho más poderoso que el de un adulto? Cuando nos hacemos mayores, nuestro cerebro borra muchas de las cosas que ya no cree necesitar, lo cual significa que seguramente se te dará mejor resolver estos problemas matemáticos que a cualquier adulto.

Y si todavía te sigue costando resolver los juegos, echa un vistazo a las soluciones que encontrarás al final del libro. Después, reflexiona acerca de los pasos que tendrías que haber seguido para dar con la solución.

Buena suerte y… ¡que te diviertas!

Del experto en juegos matemáticos: Dr. Gareth Moore

Licenciado en Ciencias, máster y doctorado en Filosofía, Gareth Moore es un as de los rompecabezas, además de autor de varios libros de pasatiempos y juegos mentales.

Es el creador de una página de juegos mentales llamada BrainedUp.com y dirige una página de juegos matemáticos llamada PuzzleMix.com. Gareth Moore posee un doctorado en Filosofía por la Universidad de Cambridge, donde enseñó a los ordenadores a entender el inglés hablado.

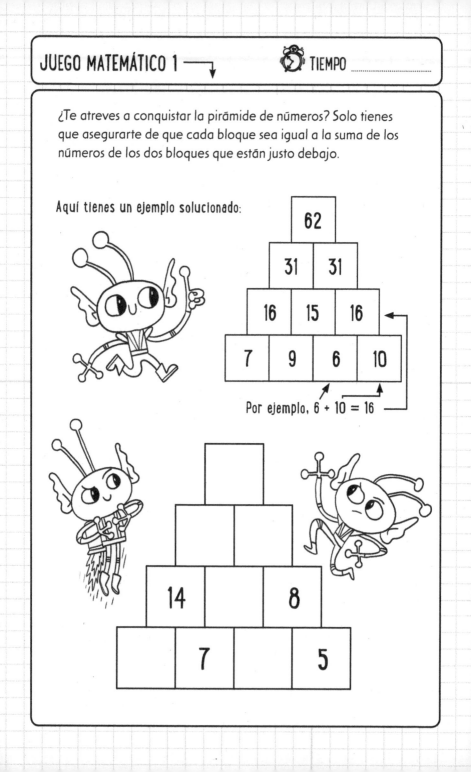

JUEGO MATEMÁTICO 1 ⟶

⏱ TIEMPO ....

¿Te atreves a conquistar la pirámide de números? Solo tienes que asegurarte de que cada bloque sea igual a la suma de los números de los dos bloques que están justo debajo.

Aquí tienes un ejemplo solucionado:

| 62 |
31	31
16	15	16
7	9	6	10

Por ejemplo, 6 + 10 = 16

| 14 | | 8 |
| | 7 | | 5 |

¿Puedes colocar los números del 1 al 4 sin repetirlos en cada uno de los cuatro recuadros vacíos, de manera que cada una de las operaciones matemáticas sea correcta? Dos de las operaciones se leen de izquierda a derecha y las otras dos de arriba abajo.

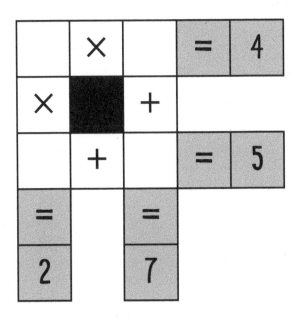

Figura original ⟶

¿Cuántos cubos puedes contar en la imagen que encontrarás más abajo? Al principio, era como la figura de 4 x 4 x 3 cubos que puedes ver más arriba, pero parece que alguien se ha dedicado a robar piezas. Ninguno de los cubos «flota» en el aire, así que si ves un cubo en una capa que queda por encima de la inferior, ten en cuenta que todos los cubos que van debajo siguen estando ahí.

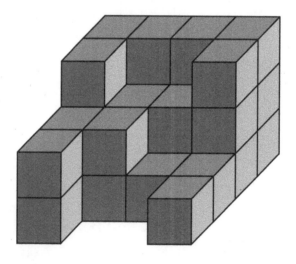

Respuesta: Hay .... cubos

¿Podrías decir qué número es el siguiente en cada de una de estas series matemáticas?

a)   29   27   25   23   21   19   ....

b)   23   26   29   32   35   38   ....

c)   128   64   32   16   8   4   ....

d)   7   13   19   25   31   37   ....

e)   7   8   10   13   17   22   ....

Fíjate en las siguientes operaciones. ¿Puedes determinar el valor de cada una de las frutas?

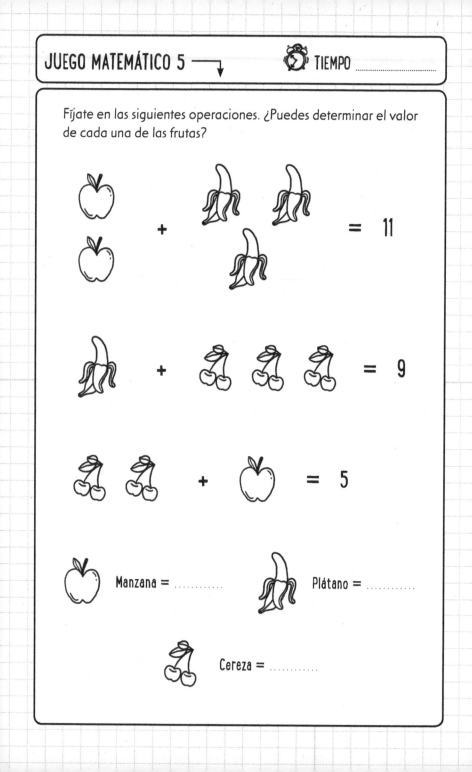

Manzana = ...

Plátano = ...

Cereza = ...

Utiliza cada una de las siguientes operaciones matemáticas para relacionar dos cifras.

$$+9 \qquad \times 2 \qquad \times 3 \qquad \times 5$$

Elige en la parte inferior dos números que puedan relacionarse entre sí mediante una de las operaciones matemáticas que te hemos indicado más arriba. Solo puedes usar una vez cada número y cada operación. Ten en cuenta que existen varias formas de unir cada pareja de números, pero solo una que te permita utilizar todos los números y las operaciones una única vez.

Por ejemplo, puedes usar la operación ×5 para unir 5 y 25, ya que 5 x 5 = 25.

12	9	5
4		13
3	25	6

Escribe aquí tus respuestas:

....

....

....

....

Estos monstruos del espacio son unos genios de las mates y han preparado una serie de operaciones de cálculo mental para que las resuelvas.

Cada una de estas series de monstruos te proporciona instrucciones matemáticas. Empieza por el número que está al **INICIO** de cada serie y luego ve aplicando sucesivamente las operaciones matemáticas indicadas hasta que llegues al final de la serie. Intenta calcular mentalmente todas las operaciones, sin hacerlas por escrito.

Anota el resultado en el recuadro que encontrarás al final de cada serie.

a)

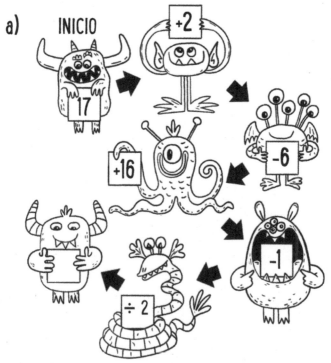

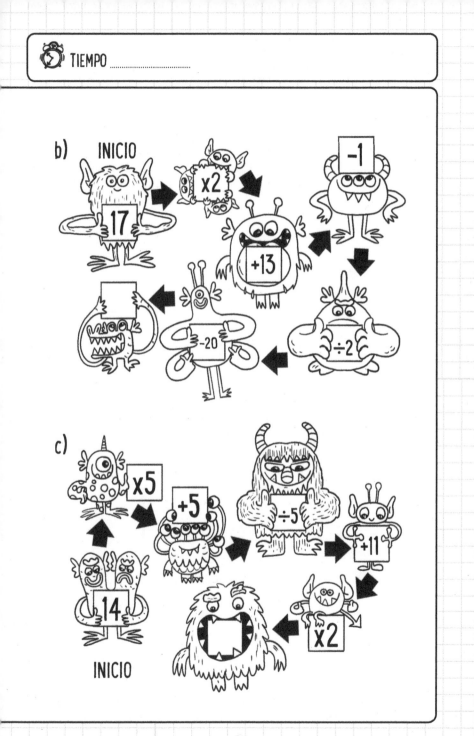

b) INICIO

17 x2 +13 -1 ÷2 -20

c)

x5 +5 ÷5 +11 x2

14

INICIO

Para completar este sudoku cuadriculado, coloca los números del 1 al 4 sin repetirlos en cada línea, columna y recuadro 2 x 2 marcado en negrita, como si fuera un sudoku normal y corriente. Los números que están fuera de la cuadrícula te indican la suma de los dos números más cercanos en la correspondiente línea o columna.

Aquí tienes un ejemplo solucionado:

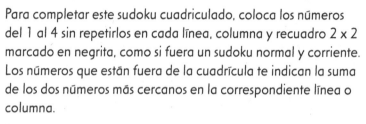

Por ejemplo, 3 + 2 = 5

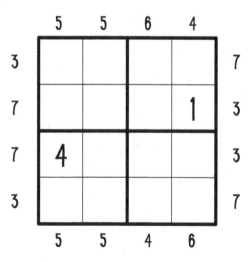

Sumando algunos de los siguientes números, ¿puedes obtener los resultados que aparecen en la columna?

$$4 \quad 5 \quad 7 \quad 10 \quad 11 \quad 12$$

Solo puedes usar cada número una vez por resultado. Por ejemplo, puedes obtener 18 sumando 7 + 11, pero no sumando 4 + 4 + 10.

Resultados:

18

24

31

35

Escribe tus respuestas aquí:

18 = ...

24 = ...

31 = ...

35 = ...

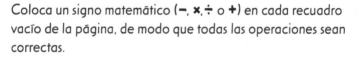

⏱ TIEMPO ....

Coloca un signo matemático (−, ×, ÷ o +) en cada recuadro vacío de la página, de modo que todas las operaciones sean correctas.

12 ☐ 11 = 132   4 ☐ 4 = 16

42 ☐ 8 = 34   2 ☐ 3 = 5

120 ☐ 12 = 10   4 ☐ 12 = 48

72 ☐ 8 = 9   12 ☐ 12 = 144

17 ☐ 38 = 55   3 ☐ 10 = 30

56 ☐ 5 = 61   8 ☐ 6 = 48

32 ☐ 8 = 4   19 ☐ 43 = 62

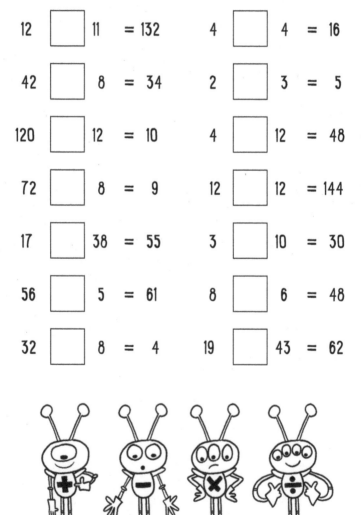

¿Puedes obtener los resultados que te proponemos eligiendo un número de cada uno de los círculos de la diana?

Por ejemplo, puedes obtener un resultado de 11 eligiendo 1 en el círculo interior, 8 en el círculo central y 2 en el círculo exterior. Solo puedes escoger un número de cada círculo.

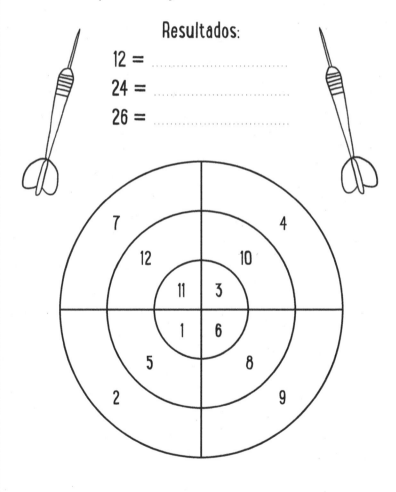

Resultados:

12 = ...

24 = ...

26 = ...

TIEMPO ....

Resuelve este futoshiki colocando los números del 1 al 4 sin repetirlos en cada fila y en cada columna. Tienes que respetar los símbolos «mayor que». Son esas flechas que siempre señalan del número mayor al número menor en una pareja. Por ejemplo, puedes decir «2 > 1», o «3 > 1» o «4 > 1», ya que 2, 3, y 4 son mayores que 1, pero no puedes decir «1 > 2» porque 1 no es mayor que 2.

Aquí tienes un ejemplo solucionado:

4		3		2		1
3	<	4		1	<	2
2	>	1		4		3
1		2	<	3		4

3			>			
	<	2			>	
	<			1		
						2

Completa este laberinto numérico y calcula el resultado correcto. Empieza buscando un itinerario desde la entrada, en la parte superior del laberinto, hasta la salida, en la parte inferior. Luego, suma los números del itinerario directo desde la entrada hasta la salida, sin hacer caso de los callejones sin salida en los que puedas haberte metido antes de encontrar el camino correcto.

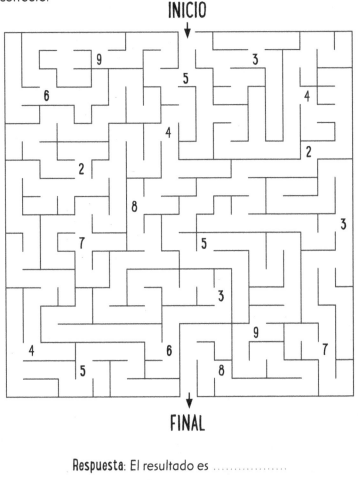

Respuesta: El resultado es ....

En el lejano país de Lejanolandia tienen cinco monedas de distinto valor, como puedes ver aquí abajo. La divisa oficial es, cómo no, el céntimo de Lejanolandia.

Suponiendo que tienes todas las monedas de los distintos valores que puedas necesitar, responde a las siguientes preguntas:

a) ¿Cuál es el número mínimo de monedas que podrías usar para gastar un total de 46 céntimos de Lejanolandia?

....

....

b) Supongamos que no puedes usar más de dos monedas de cada valor. ¿Cuál es el número máximo de monedas que puedes utilizar para gastar un total de 67 céntimos de Lejanolandia?

....

....

c) Si compras algo que cuesta 57 céntimos lejanianos, ¿cuál es el número mínimo de monedas que puedes recibir como cambio de un billete de 100 céntimos de Lejanolandia?

....

....

Une múltiplos de 7 en orden numérico ascendente y descubrirás el dibujo oculto. Cuando termines de resolver el enigma, ¡obtendrás la prueba de que lo has hecho bien!

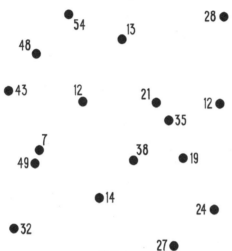

54
13
28
48
43
12
21
12
35
7
38
19
49
14
24
32
27
42

¿Sabrías decir qué ocurre en estas máquinas matemáticas?
En cada una de ellas se está produciendo una operación
matemática secreta que convierte un número en otro. En la
máquina **a)**, por ejemplo, ¿qué operación puede convertir 4
en 12, 3 en 9, 5 en 15 y 12 en 36, como indican las flechas?
Escribe la solución de cada juego en el recuadro central.

a)

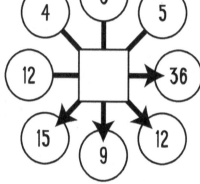

b)

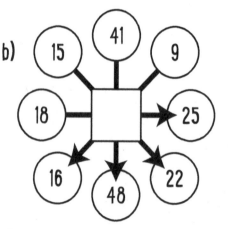

Para resolver este calcudoku, coloca los números del 1 al 3 sin repetirlos en cada columna y en cada fila. Debes escribir los números de forma que los valores de cada sección de casilla marcada en negrita dé como resultado el número pequeño indicado en la parte superior izquierda de cada sección.

Aquí tienes un ejemplo solucionado:

Los números 1, 2 y 3 aparecen una sola vez en cada columna y en cada fila.

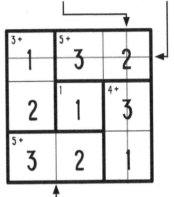

La suma de los números de cada sección marcada en negrita da como resultado el número pequeño de la esquina. Por ejemplo, 3 + 2 = 5 en esta sección en negrita.

Resuelve estos sorprendentes rompecabezas piramidales asegurándote de que cada bloque sea igual a la suma de los números de los dos bloques que están situados justo debajo.

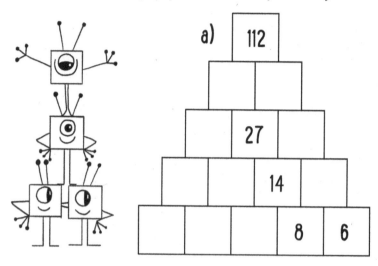

a)

| 112 |
| 27 |
| 14 |
| 8 | 6 |

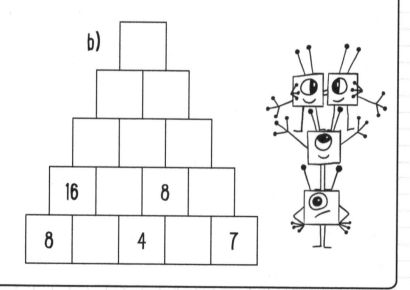

b)

| 16 | 8 |
| 8 | 4 | 7 |

Completa cada uno de los siguientes problemas matemáticos escribiendo el resultado correcto en cada recuadro vacío.

14 + 45 = ☐   95 - 20 = ☐

9 + 11 = ☐   28 - 20 = ☐

51 + 26 = ☐   36 + 10 = ☐

16 + 91 = ☐   10 × 6 = ☐

18 × 9 = ☐   46 - 19 = ☐

77 + 13 = ☐   77 - 28 = ☐

8 × 11 = ☐   12 × 10 = ☐

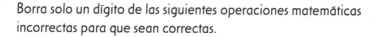
Borra solo un dígito de las siguientes operaciones matemáticas incorrectas para que sean correctas.

Por ejemplo, $12 + 3 = 4$ sería correcta si borras el «2», de manera que se leyese $1 + 3 = 4$.

$$3 \times 17 + 4 = 25$$

Respuesta: ....

$$12 + 23 + 34 = 48$$

Respuesta: ....

$$36 + 43 + 25 = 84$$

Respuesta: ....

$$10 \times 12 \times 14 \times 16 \times 18 = 0$$

Respuesta: ....

¿Puedes solucionar los siguientes anagramas numéricos? El objetivo es reordenar los números y los símbolos matemáticos para que den el resultado indicado. Puedes usar todos los paréntesis que quieras. Recuerda que siempre debes resolver primero las operaciones entre paréntesis.

Por ejemplo, si tenemos 1, 2, 3, + y x, puedes obtener el resultado de 9 con la operación (1 + 2) x 3 = 9.

a)

3   4   7   +   ✖

Resultado = 49

Respuesta: ....

b)

1   4   5   –   ✖

Resultado = 15

Respuesta: ....

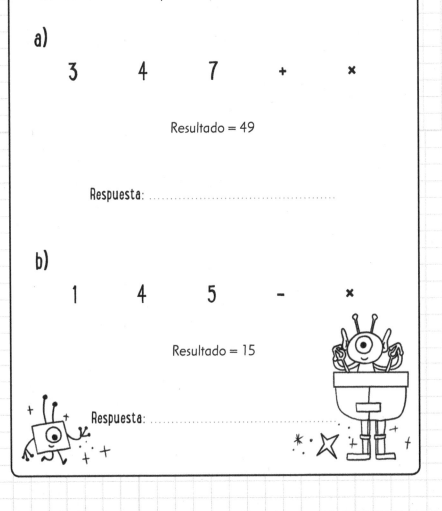

Cuando es la 1 del mediodía en el Reino Unido, en otros países del mundo es una hora distinta debido a que existen diferentes husos horarios. Los husos horarios son importantes porque los países ven el sol a diferentes horas del día, así que el huso horario de cada país se elige de forma que el mediodía de ese país se acerque lo máximo posible al momento central de las horas diurnas.

Aquí tienes cuatro husos horarios:

Argentina: GMT -3 horas   **España:** GMT +1 hora

Reino Unido: GMT +0 horas   **India:** GMT +5:30 horas

Así, por ejemplo, cuando en el Reino Unido es medianoche en la India son las 5:30 de la madrugada.

GMT significa en inglés Greenwich Meridian Time, es decir, hora del meridiano de Greenwich. Se utiliza como referente para calcular otros husos horarios.

Utiliza los husos horarios que te hemos indicado para responder a las siguientes preguntas:

a) ¿Qué hora es en el Reino Unido cuando en Argentina son las 16:30 h?

....

b) Cuando en la India es mediodía, ¿qué hora es en el Reino Unido?

....

c) ¿Qué hora es en España cuando en Argentina son las 20:20 h?

....

d) ¿Qué hora es en la India cuando en Argentina son las 22:45 h?

....

Tictac… tictac… Fíjate bien en todos estos relojes y resuelve los problemas relacionados con las horas de la página siguiente.

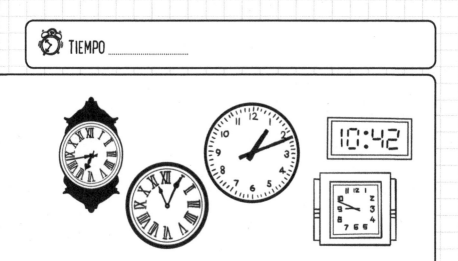

a) ¿Cuántos relojes marcan una hora que pasa treinta minutos de la hora en punto?

....

b) Hay dos relojes que marcan la misma hora. ¿De qué hora se trata?

....

c) ¿Cuántos relojes ves que marquen una hora entre las siete y las ocho?

....

JUEGO MATEMÁTICO 24

TIEMPO ....

Para resolver el siguiente rompecabezas, traza líneas sobre algunas de las líneas punteadas para dividir la cuadrícula en una serie de rectángulos. Dentro de cada rectángulo solo puede haber un número: la suma del ancho y del alto del rectángulo debe ser igual al valor de ese número.

Aquí tienes un ejemplo para que veas cómo funciona el juego:

Este rectángulo, por ejemplo, es de 2 casillas de alto por 3 de ancho, de manera que 2 + 3 = 5

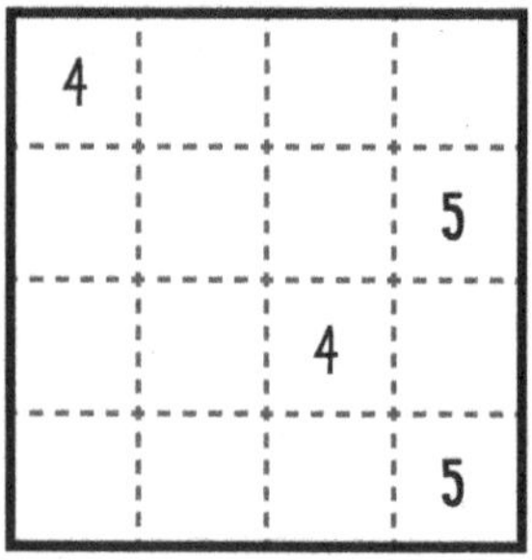

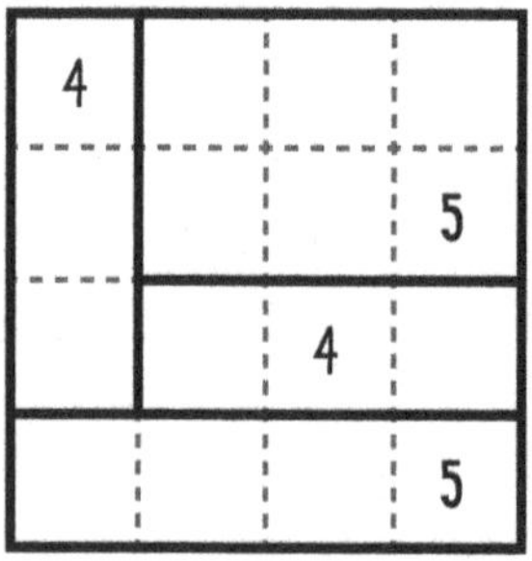

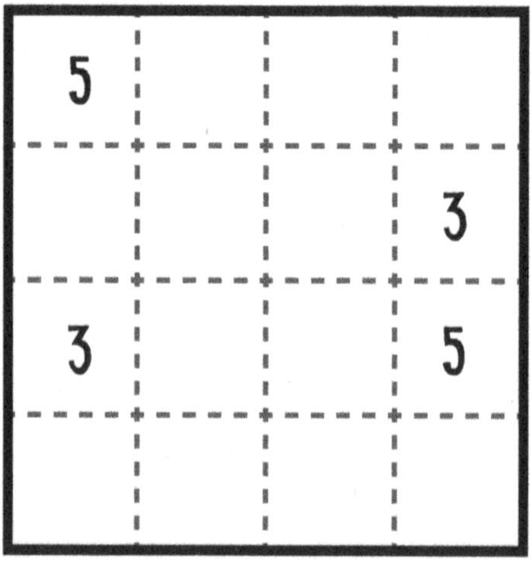

Este «sudoku asesino» es una variante del sudoku normal. No solo tienes que colocar los números del 1 al 4 sin repetirlos en cada fila, columna y recuadro 2 x 2 marcado en negrita, sino que también tienes que escribir los números de modo que, sumados los de cada sección punteada de casillas, el resultado sea igual al número pequeño situado en la parte superior izquierda de dicha sección.

Aquí tienes un ejemplo para que veas cómo funciona este juego:

En esta sección punteada, por ejemplo, 2 + 3 = 5.

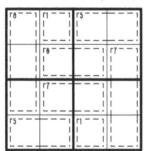

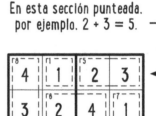

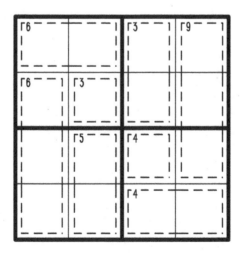

Amelia, Berta y Carlos cumplen años el mismo día y durante el último cumpleaños de los tres, Carlos hizo las siguientes afirmaciones.

- Amelia tiene ahora el doble de años que yo.

- Berta se acerca más en edad a Amelia que yo a Berta.

- Hace un año, Berta tenía el doble de la edad que yo tenía hace dos años.

- La suma de mi edad y la de Amelia es 21.

¿Puedes averiguar qué edad tienen Amelia, Berta y Carlos?

Amelia	Berta	Carlos

Amelia tiene ....   Berta tiene ....   Carlos tiene ....

Para resolver este sudoku de sumas diagonales, coloca los números del 1 al 4 sin repetirlos en cada fila, columna y recuadro 2 x 2 marcado en negrita, como en un sudoku normal. Cada uno de los números situados fuera de la cuadrícula te indica la suma de la diagonal señalada por la flecha.

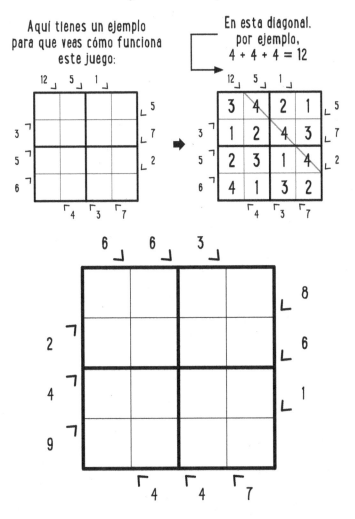

Aquí tienes un ejemplo para que veas cómo funciona este juego:

En esta diagonal, por ejemplo, 4 + 4 + 4 = 12

Aquí tienes un rompecabezas kakuro. ¿Puedes colocar un número del 1 al 9 en cada cuadrado blanco, de manera que cada «línea» seguida de casillas blancas horizontales o verticales consecutivas sume el número indicado en la parte izquierda o en lo alto de dicha «línea»? Un mismo número no puede repetirse en ninguna línea. Por ejemplo, podrías obtener un resultado de 4 con 1 + 3, pero no con 2 + 2.

Aquí tienes un ejemplo solucionado:

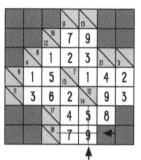

En estas dos «líneas», por ejemplo.
9 + 5 = 14 verticalmente y
7 + 9 = 16 horizontalmente.

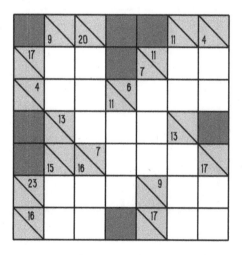

Te damos la bienvenida a la Ciudad de los Triángulos, donde prácticamente todo tiene tres lados. ¿Cuántos triángulos iguales a los siguientes puedes encontrar? Escribe tus respuestas debajo. Una pista: tus respuestas deberían ser múltiplos de 3.

Escaleno

Equilátero

Triángulo Rectángulo

....

TIEMPO ....

¿Cuántos rectángulos puedes contar en la siguiente imagen? Incluye todos los que encuentres, también el rectángulo grande que limita la imagen. Recuerda que los rectángulos pequeños pueden agruparse para crear otros más grandes.

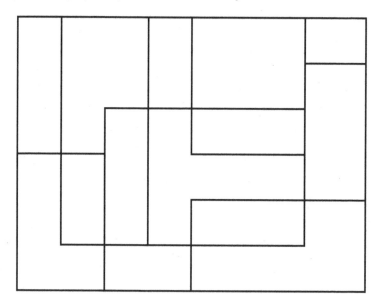

Hay .... rectángulos.

La siguiente operación es incorrecta, pero ¿podrías eliminar un solo palito para que sea correcta?

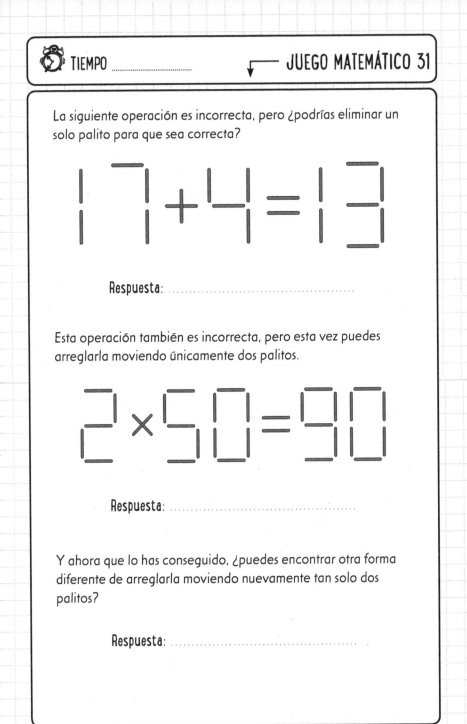

Respuesta: ....

Esta operación también es incorrecta, pero esta vez puedes arreglarla moviendo únicamente dos palitos.

Respuesta: ....

Y ahora que lo has conseguido, ¿puedes encontrar otra forma diferente de arreglarla moviendo nuevamente tan solo dos palitos?

Respuesta: ....

La comandante Calisto y el comandante Cometa están al mando, cada uno, de una estación espacial y de una flota de naves separadas por un cinturón de asteroides. Comparten el espacio entre los asteroides, pero rara vez se aventuran a ir al territorio del otro. Fíjate bien en el dibujo que encontrarás a continuación y trata de resolver las preguntas sobre fracciones de la página siguiente.

Comandante Calisto   Comandante Cometa

En cada una de las siguientes preguntas, simplifica las fracciones si es posible. Por ejemplo, 6/8 puede simplificarse a 3/4.

a) ¿Qué fracción de todos los cohetes son negros?

....

b) ¿Qué fracción de los cohetes blancos están en el cinturón de asteroides?

....

c) ¿Qué fracción de los cohetes negros tienen exactamente dos ventanas redondas?

....

d) ¿Qué fracción de los cohetes del cinturón de asteroides presentan alerones curvados?

....

Para resolver este calcudoku, coloca los números del 1 al 4 sin repetirlos en cada fila y columna. Debes escribir los números de manera que la suma de los valores de cada sección de casillas marcadas en negrita dé como resultado el número pequeño que aparece en la parte superior izquierda de esa sección.

Aquí tienes un ejemplo solucionado:

Los números 1. 2. 3 y 4 aparecen una vez en cada columna y en cada fila.

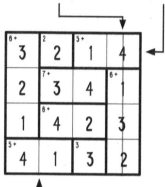

Si sumas los números de cada sección en negrita. obtendrás como resultado el número situado en la esquina. Por ejemplo. $4 + 1 = 5$.

1	3 +	10 +	
7+			3+
	9+	3 +	
			4

En los siguientes conjuntos matemáticos se ha colado un número intruso. Todos los números, excepto uno, comparten una misma propiedad (por ejemplo, que todos son múltiplos de 3).

a)

9	21	33
47	64	83

Respuesta: .... es el número intruso

porque ....

b)

23	31	7
47	19	21

Respuesta: .... es el número intruso

porque ....

Suma o resta los siguientes pares de horas y escribe la hora resultante en el recuadro en blanco. Las horas se expresan en el formato de 24 horas, por lo que debes sumar o restar los números que indican las horas y los minutos para averiguar el resultado.

23:25 − 04:10 =

13:05 − 04:35 =

06:10 + 00:40 =

16:55 − 06:50 =

05:45 − 03:05 =

23:00 − 04:45 =

13:25 − 05:45 =

03:45 + 07:15 =

15:35 − 03:25 =

11:00 + 10:25 =

Resuelve las siguientes sumas, expresadas en números romanos.
Recuerda, ¡tienes que escribir los resultados también en números
romanos!

a) XXX – XII = ...

b) XIX – V = ...

c) LX + XL = ...

d) VII + VI + V + IV + III = ...

e) IX × XI = ...

f) I + V + X + L + C = ...

CLAVE

I = 1

V = 5

X = 10

L = 50

C = 100

Para resolver el sudoku XV de la página siguiente, coloca los números del 1 al 6 sin repetirlos en cada fila, columna y recuadro 3 x 2 en negrita, como si fuera un sudoku normal.

Además, cuando veas una «X» o una «V» que unen dos casillas, la suma de dichas casillas será 10 (para «X») o 5 (para «V»), como en los números romanos. Si no hay ninguna «X» ni «V» entre dos casillas, entonces la suma de esas dos casillas no puede ser ni 10 ni 5.

Aquí tienes un ejemplo:

		5	2		
2					4
6					2
		1	6		

Aquí los números están unidos por una «X», así que tienen que sumar 10.

Aquí los números están unidos por una «V», así que tienen que sumar 5.

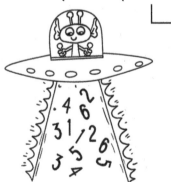

1	3	5	2	4	6
4	2	6	3	1	5
2	5	3	1	6	4
6	1	4	5	3	2
3	6	2	4	5	1
5	4	1	6	2	3

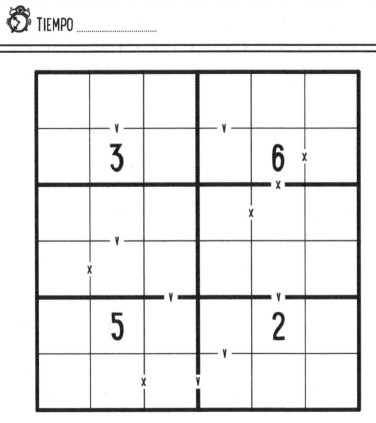

TIEMPO ....

Te dan una calculadora que alguien acaba de encender.
¿Puedes conseguir que muestre un número en concreto? El
único problema es que la mayoría de las teclas están rotas: solo
funcionan las teclas −, ×, ÷, = y 4.

a) Primero, ¿puedes conseguir que aparezca el número 13 en
la pantalla pulsando las teclas solo nueve veces? Si quieres,
¡practica antes con una calculadora de verdad!

Respuesta: ....

b) Cuando lo hayas conseguido, apaga la calculadora y vuelve a
encenderla para que salga el 0. Ahora, ¿puedes conseguir que
aparezca el número 28 en la pantalla pulsando las teclas solo
diez veces?

Respuesta: ....

c) Por último, vuelve a poner la calculadora a 0. ¿Puedes
conseguir que aparezca el número 11 en la pantalla pulsando las
teclas solo cinco veces?

Respuesta: ....

Escribe un número en cada uno de los bloques de la pirámide, de manera que cada bloque sea igual a la suma de los números de los dos bloques que están justo debajo.

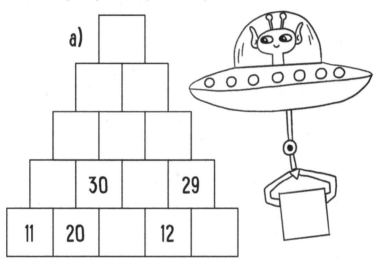

a)

| 30 | | 29 |

| 11 | 20 | | 12 |

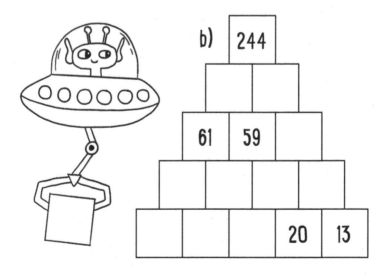

b) 244

| 61 | 59 |

| | | 20 | 13 |

JUEGO MATEMÁTICO 40 →   ⏰ TIEMPO ....

Escribe un signo matemático (−, ×, ÷ o +) en cada uno de los recuadros vacíos de esta página, de manera que todas las operaciones sean correctas.

72 ☐ 6 = 12   10 ☐ 49 = 59

64 ☐ 8 = 56   4 ☐ 6 = 24

39 ☐ 8 = 47   56 ☐ 2 = 54

44 ☐ 16 = 60   27 ☐ 2 = 25

12 ☐ 2 = 6   5 ☐ 3 = 15

20 ☐ 5 = 4   24 ☐ 6 = 4

58 ☐ 3 = 55   15 ☐ 68 = 83

Las seis caras de un dado normal y corriente son estas:

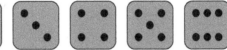

Aquí tienes cinco dados vistos desde arriba. Por desgracia, algunos de los puntos se han borrado, así que es muy difícil saber con seguridad el valor exacto que muestra cada dado.

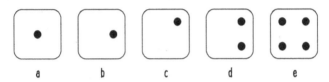

a   b   c   d   e

a) ¿Cuáles de los dados podrían mostrar un 5?

       Respuesta: ....

b) ¿Cuáles de los dados podrían mostrar un 2? Ten en cuenta que las caras de los dados pueden estar giradas respecto a los ejemplos de caras que te hemos mostrado en la parte superior de la página.

       Respuesta: ....

c) ¿Cuál es el valor total más alto posible de estos cinco dados?

       Respuesta: ....

d) ¿Cuál es el valor total más bajo posible de estos cinco dados?

       Respuesta: ....

Resuelve este futoshiki colocando los números del 1 al 4 sin repetirlos en cada fila y en cada columna. Tienes que respetar los símbolos «mayor que». Son esas flechas que siempre señalan del número mayor al número menor en una pareja. Por ejemplo, puedes decir «2 > 1», «3 > 1» o «4 > 1», ya que 2, 3, y 4 son mayores que 1, pero no puedes decir «1 > 2» porque 1 no es mayor que 2.

Aquí tienes un ejemplo solucionado:

Los números que encontrarás más abajo suman 40. Si eliminas algunos de ellos, puedes disminuir el total. Por ejemplo, si eliminas el 3, el 6 y el 11, el resultado es ahora 20.

$$3 \quad 5 \quad 6 \quad 7 \quad 8 \quad 11$$

Eliminando uno o más números, ¿podrías obtener los resultados que te indicamos a continuación? Cada resultado se puede obtener de tres modos distintos. ¿Puedes descubrirlos en cada caso?

29 (de tres modos distintos)

1) ....

2) ....

3) ....

24 (de tres modos distintos)

1) ....

2) ....

3) ....

16 (de tres modos distintos)

1) ....

2) ....

3) ....

TIEMPO ....

¿Puedes obtener los resultados que te proponemos eligiendo un número de cada uno de los círculos de la diana?

Por ejemplo, puedes obtener un resultado de 29 eligiendo 8 en el círculo interior, 10 en el círculo central y 11 en el círculo exterior. Solo puedes escoger un número de cada círculo.

Resultados:

32 = ...
49 = ...
53 = ...

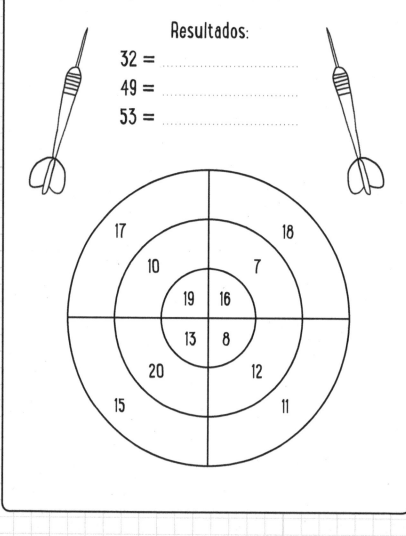

Algunos de los habitantes de estos rascacielos ya están durmiendo, pero otros aún están despiertos. Basándote en las luces encendidas y en las luces apagadas, responde a las preguntas que te planteamos a continuación.

a) ¿Cuál es el mayor número de ventanas que ves en un mismo edificio?

Respuesta: ....

b) ¿Cuál es el mayor número de habitaciones iluminadas que ves en una misma fila o columna de un edificio?

Respuesta: ....

¿Puedes resolver los siguientes enigmas y averiguar cuántas manzanas se ha comido nuestro amigo?

a) Hoy es viernes. Cada día de esta semana me he comido el doble de manzanas que el día anterior. El miércoles me comí ocho manzanas. En total, ¿cuántas manzanas me he comido esta semana, desde el lunes hasta el viernes?

Respuesta: ....

b) Me como dos manzanas todos los días, excepto los fines de semana, que solo me como una al día. En un mes de 28 días (¡que empieza en lunes!), ¿cuántas manzanas me como?

Respuesta: ....

Para resolver este sudoku, coloca los números del 1 al 6 sin repetirlos en cada fila, columna y recuadro 3 x 2 marcado en negrita, como en un sudoku normal. Cada uno de los números situados fuera de la cuadrícula te indica la suma de los números más cercanos en la correspondiente columna o fila, leídos hasta la primera línea en negrita.

Aquí tienes un ejemplo solucionado:

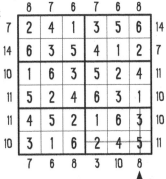

	8	7	6	7	6	8	
7	2	4	1	3	5	6	14
14	6	3	5	4	1	2	7
10	1	6	3	5	2	4	11
11	5	2	4	6	3	1	10
11	4	5	2	1	6	3	10
10	3	1	6	2	4	5	11
	7	6	8	3	10	8	

Por ejemplo. $3 + 5 = 8$ verticalmente
y $2 + 4 + 5 = 11$ horizontalmente.

	9	3	9	9	9	3	
9	5					2	12
12							9
8							13
13							8
9							12
12	2					3	9
	3	9	9	3	9	9	

Estos monstruos del espacio son unos genios de las mates y han preparado una serie de operaciones de cálculo mental para que las resuelvas.

Cada una de estas series de monstruos te proporciona instrucciones matemáticas. Empieza por el número que está al **INICIO** de cada serie y luego ve aplicando sucesivamente las operaciones matemáticas indicadas hasta que llegues al final de la serie. Intenta calcular mentalmente todas las operaciones, sin hacerlas por escrito.

Anota el resultado en el recuadro que encontrarás al final de cada serie.

a)

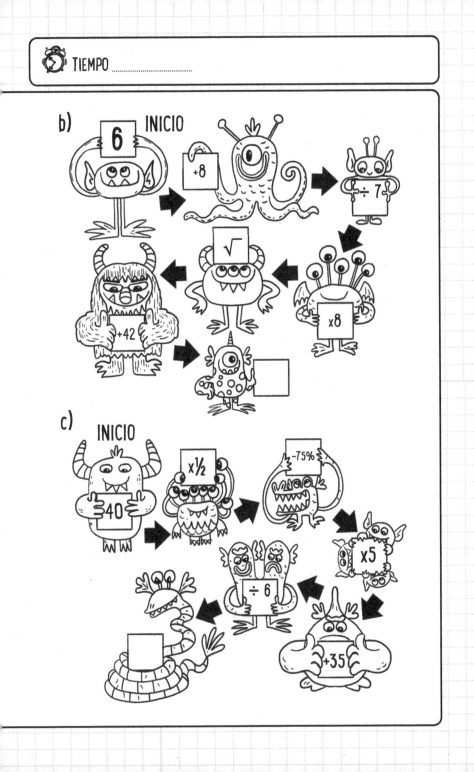

b) INICIO
6
+8
÷ 7
√
x8
+42

c) INICIO
40
x½
−75%
x5
÷ 6
+35

Estos diez números se pueden dividir en dos series matemáticas, cada una de ellas de cinco números. Traza líneas para dibujar un camino que una por orden cada serie de cinco números. Dicho de otra manera, traza una línea desde el primer número de la serie al segundo, y luego del segundo al tercero de la serie y así hasta llegar al quinto número.

Por ejemplo, si la serie fuera «+ 3», podrías empezar trazando una línea para unir el 3 con el 6.

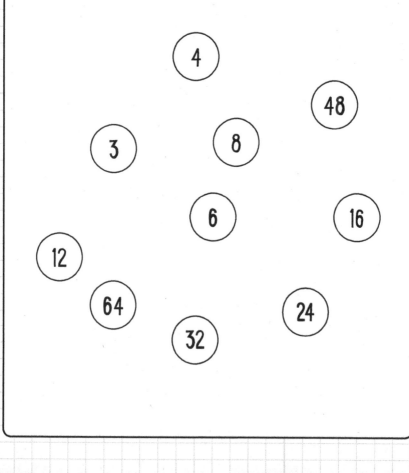

En el lejano país de Acullá tienen cinco monedas de distinto valor, como puedes ver aquí abajo. La divisa oficial es, cómo no, el céntimo acullanense.

Suponiendo que tienes todas las monedas de los distintos valores que puedas necesitar, responde a las siguientes preguntas:

a) ¿Cuál es el número mínimo de monedas que podrías usar para gastar un total de 63 céntimos acullanenses?

....

....

b) Supongamos que no puedes usar más de tres monedas de cada valor. ¿Cuál es el número máximo de monedas que puedes utilizar para gastar un total de 87 céntimos acullanenses?

....

....

c) Si compro algo que cuesta 123 céntimos acullanenses, ¿cuál es el número mínimo de monedas que puedo recibir como cambio de un billete de 150 céntimos acullanenses?

....

....

El «sudoku asesino» de la siguiente página es una variante del sudoku normal. No solo tienes que colocar los números del 1 al 6 sin repetirlos en cada fila, columna y recuadro 3 x 2 marcado en negrita, sino que también tienes que escribir los números de modo que, sumados los de cada sección punteada de cuadrados, el resultado sea igual al número pequeño situado en la parte superior izquierda de dicha sección.

Pero, además, existe otra regla muy importante: no puedes repetir ningún número dentro de una sección punteada. Por ejemplo, la solución a la sección «10» del rompecabezas que encontrarás a continuación no podría ser 4 + 4 + 2.

Aquí tienes un ejemplo solucionado:

En esta sección punteada, por ejemplo, 6 + 4 + 2 = 12.

Debes colocar los números del 1 al 6 sin repetirlos en cada bloque marcado en negrita, fila y columna.

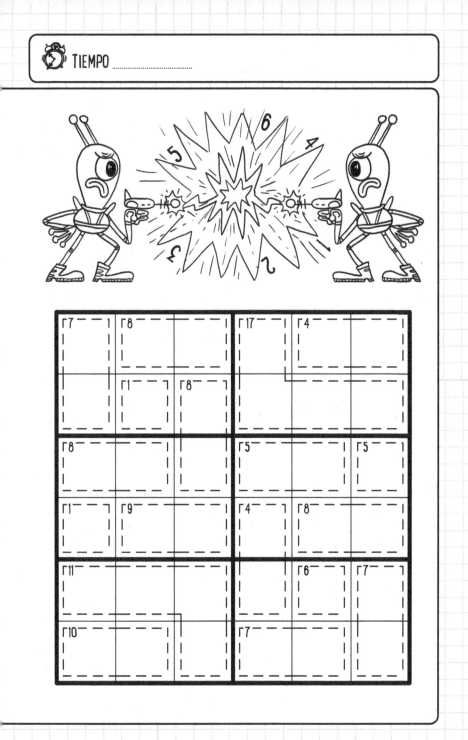

Fíjate en los calendarios que encontrarás a continuación y trata de responder las preguntas de la siguiente página:

SEPTIEMBRE						
1	2	3	4	5	6	7
8	9	10	11	12	13	14
15	16	17	18	19	20	21
22	23	24	25	26	27	28
29	30					

OCTUBRE						
		1	2	3	4	5
6	7	8	9	10	11	12
13	14	15	16	17	18	19
20	21	22	23	24	25	26
27	28	29	30	31		

NOVIEMBRE						
					1	2
3	4	5	6	7	8	9
10	11	12	13	14	15	16
17	18	19	20	21	22	23
24	25	26	27	28	29	30

DICIEMBRE						
1	2	3	4	5	6	7
8	9	10	11	12	13	14
15	16	17	18	19	20	21
22	23	24	25	26	27	28
29	30	31				

ENERO						
			1	2	3	4
5	6	7	8	9	10	11
12	13	14	15	16	17	18
19	20	21	22	23	24	25
26	27	28	29	30	31	

FEBRERO						
						1
2	3	4	5	6	7	8
9	10	11	12	13	14	15
16	17	18	19	20	21	22
23	24	25	26	27	28	

 TIEMPO ....

a) Si hoy es 1 de septiembre, ¿cuántos días faltan hasta el 23 de octubre?

Respuesta: ....

b) Si ayer era 4 de febrero, ¿cuántos días han pasado desde el 11 de noviembre?

Respuesta: ....

c) Si dentro de dos semanas a partir de hoy es Navidad, ¿cuántos días faltan hasta Año Nuevo?

Respuesta: ....

Coloca los números del 1 al 9, sin repetirlos, en las nueve casillas vacías, de modo que todas las operaciones matemáticas sean correctas. Tres de las operaciones se leen de izquierda a derecha y las otras tres de arriba abajo.

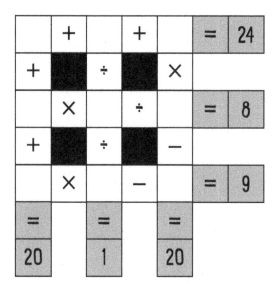

	+		+		=	24
+	■	÷	■	×		
	×		÷		=	8
+	■	÷	■	−		
	×		−		=	9
=		=		=		
20		1		20		

¿Cuál de las siguientes figuras —círculo, cuadrado o triángulo—
pesa más? ¿Y cuál de las tres pesa menos?

En cada una de las imágenes, ten en cuenta que la distancia
desde el eje central es irrelevante.

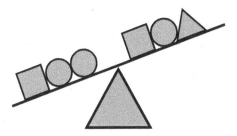

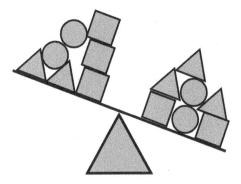

.... es la que MÁS pesa.

.... es la que MENOS pesa.

JUEGO MATEMÁTICO 55 ⟶

Fíjate en las siguientes operaciones con dibujos.
¿Podrías determinar el valor de cada una de las frutas?

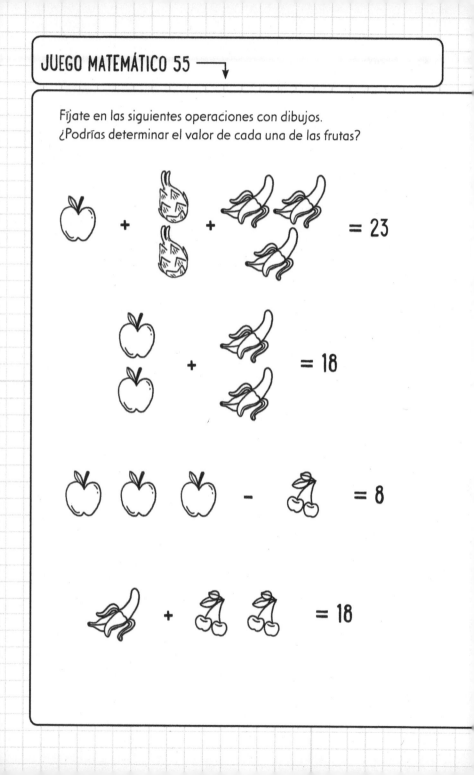

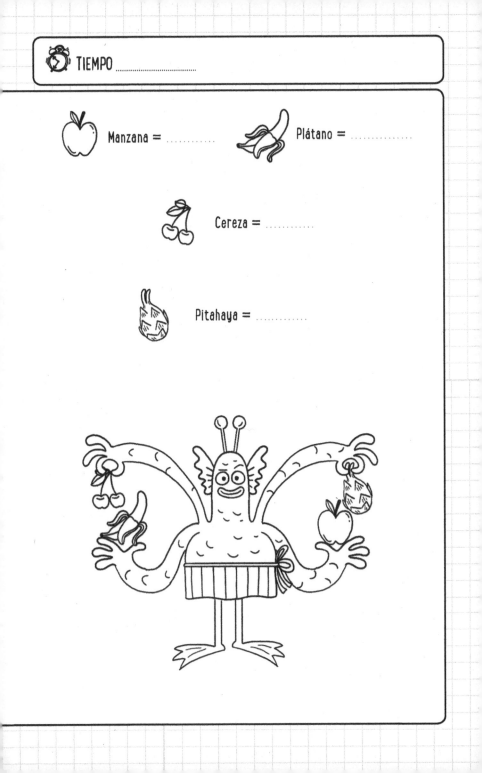

Manzana = ...

Plátano = ...

Cereza = ...

Pitahaya = ...

Resuelve los siguientes problemas espaciales y demuestra que eres una auténtica supernova de las mates.

a) Según las instrucciones de preparación de mi comida espacial, debo cocinarla durante 30 minutos, más 15 minutos adicionales por cada 250 g. Si el producto que tengo pesa 750 g, ¿durante cuánto tiempo tengo que cocinarlo?

Respuesta: ....

Y si en la tienda de la estación espacial compro otro producto igual y tengo que cocinarlo durante dos horas, ¿cuánto pesará?

Respuesta: ....

b) Tengo que arreglar mi nave espacial colocando paneles de acero en uno de los lados. La zona que debo reparar mide 14 metros de longitud y cada panel 1 metro de ancho. Cada panel tiene que fijarse a un poste en cada extremo, pero dos paneles pueden compartir el mismo poste donde se unen. ¿Cuántos postes necesito para reparar mi nave?

Respuesta: ....

Una baraja normal de 52 cartas contiene cuatro palos diferentes (corazones, tréboles, picas y diamantes), cada uno de los cuales contiene 13 cartas (As, 2, 3, 4, 5, 6, 7, 8, 9, 10, Jota, Reina y Rey).

a) Si mezclo la baraja y saco una única carta, ¿qué probabilidad tengo de sacar un as? Escribe tu respuesta en forma de fracción.

Respuesta: ....

b) Si mezclo la baraja y saco una única carta, ¿qué probabilidad tengo de que sea de corazones? Escribe tu respuesta en forma de fracción.

Respuesta: ....

c) Si mezclo la baraja y saco una única carta, ¿qué probabilidad tengo de sacar una Jota, una Reina o un Rey? Escribe tu respuesta en forma de fracción.

Respuesta: ....

d) Si mezclo la baraja y luego saco dos cartas, ¿qué probabilidad tengo de que las dos sean tréboles? Escribe tu respuesta en forma de fracción.

Respuesta: ....

Resuelve este futoshiki colocando los números del 1 al 4 sin repetirlos en cada fila y en cada columna. Tienes que respetar los símbolos «mayor que». Son esas flechas que siempre señalan del número mayor al número menor en una pareja. Por ejemplo, puedes decir «2, 3, 4 o 5 > 1», ya que 2, 3, 4 y 5 son mayores que 1, pero no puedes decir «1 > 2» porque 1 no es mayor que 2.

Aquí tienes un ejemplo solucionado:

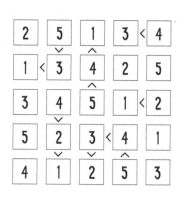

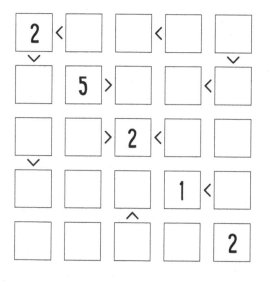

Para todas las preguntas de esta página, toma como referencia un dado normal de seis caras.

a) ¿Cuál es el valor total de las seis caras de un dado?

Respuesta: ....

b) ¿Cuál es el valor máximo que puedes obtener si lanzas cinco dados?

Respuesta: ....

c) ¿Cuántas formas se te ocurren de conseguir un valor total de 7 lanzando dos dados?

Respuesta: ....

d) ¿Qué probabilidad tienes de sacar un total de 7 cuando lanzas dos dados?

Respuesta: ....

e) ¿Y qué probabilidad tienes de sacar un total de 10 cuando lanzas dos dados?

Respuesta: ....

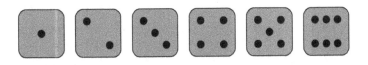

En este planeta se esconden 16 cifras en números romanos. ¿Puedes encontrarlas todas?

Cuando las hayas descubierto, suma el total de sus valores y escribe tu respuesta en números romanos.

Respuesta: ....

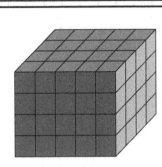

¿Cuántos cubos puedes contar en la imagen inferior? Al principio, era como la figura de 5 x 4 x 4 cubos que puedes ver más arriba, pero parece que alguien se ha dedicado a robar piezas. Ninguno de los cubos «flota» en el aire, así que si ves uno en una capa que queda por encima de la inferior, ten en cuenta que todos los cubos que van debajo siguen estando ahí.

Respuesta: Hay .... cubos.

Fíjate en todas estas naves espaciales.

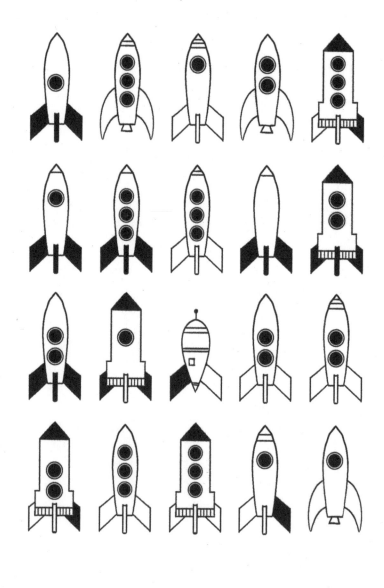

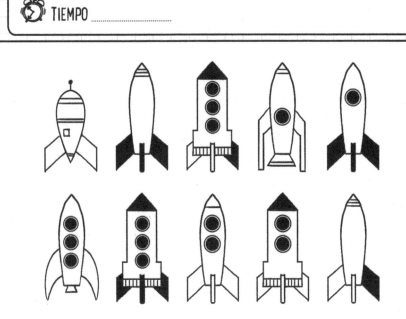

En cada una de las siguientes preguntas, simplifica las fracciones si es posible. Por ejemplo, 6/8 puede simplificarse a 3/4.

a) ¿Qué fracción de todos los cohetes tienen dos o más rayas en el morro? (El morro es la parte delantera del cohete.)

Respuesta: ....

b) ¿Qué fracción de los cohetes con alerones curvados tienen tres ventanas?

Respuesta: ....

c) ¿Qué fracción de las naves espaciales con un número impar de ventanas redondas tienen el morro negro?

Respuesta: ....

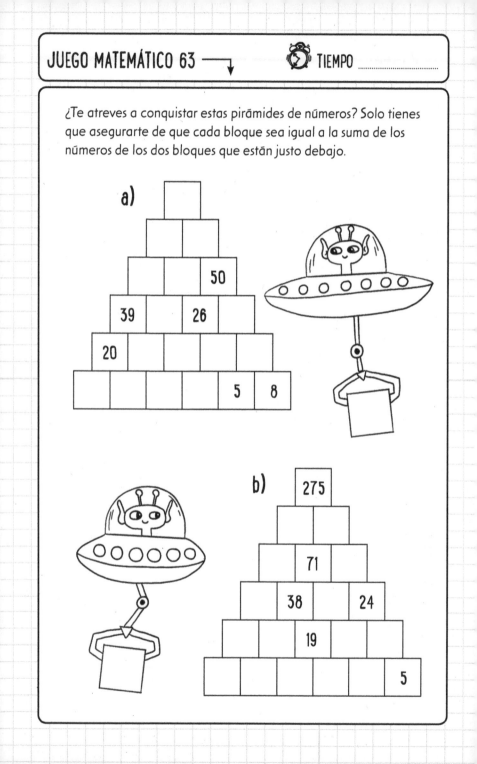

JUEGO MATEMÁTICO 63

⏰ TIEMPO ....

¿Te atreves a conquistar estas pirámides de números? Solo tienes que asegurarte de que cada bloque sea igual a la suma de los números de los dos bloques que están justo debajo.

a)

50

39   26

20

5   8

b)

275

71

38   24

19

5

En los siguientes conjuntos matemáticos se ha colado un número intruso. Todos los números, excepto uno, comparten una misma propiedad (por ejemplo, que todos son múltiplos de 5).

a)

27	102	75
48	56	93

Respuesta: .... es el número intruso

porque ....

b)

16	121	81
35	25	64

Respuesta: .... es el número intruso

porque ....

Para resolver el sudoku de múltiplos de la página siguiente, coloca los números del 1 al 6 sin repetirlos en cada fila, columna y recuadro marcado en negrita, como en un sudoku normal.

Cuando dos casillas contiguas están unidas por un número pequeño dentro de un círculo, significa que entre los números conectados existe una relación de múltiplos. El círculo te indica cuántas veces es mayor un número con respecto al otro. Por ejemplo, si el círculo contiene un «3», entonces ya sabes que uno de los números será tres veces mayor que el otro.

Aquí tienes un ejemplo:

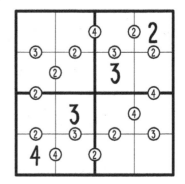

4 es dos veces mayor que 2, por ejemplo.

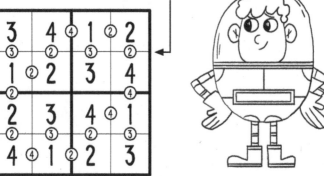

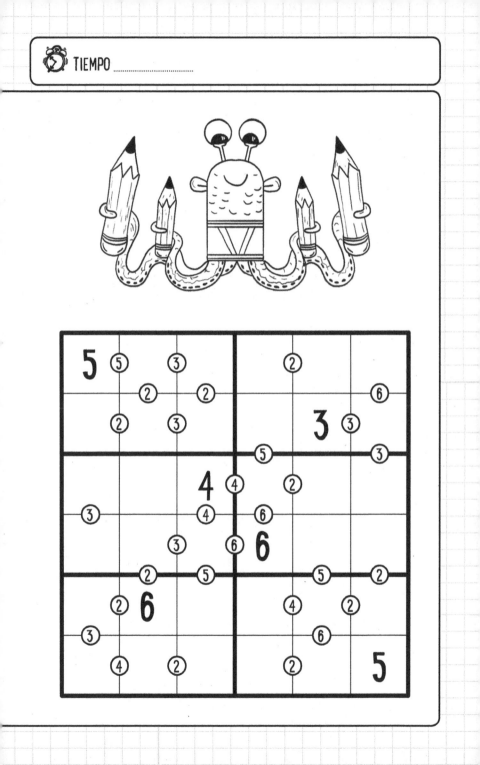

¿Sabrías decir qué número es el siguiente en cada una de estas series matemáticas y por qué?

a) 3 9 15 21 27 33 ....

b) 1.458 486 162 54 18 6 ....

c) 1 4 9 16 25 36 ....

d) 16 8 4 2 1 1/2 ....

e) 0,3 0,6 0,9 1,2 1,5 1,8 ....

Para resolver este calcudoku, coloca los números del 1 al 3 sin
repetirlos en cada columna y en cada fila. Debes escribir los
números de forma que la multiplicación de los valores de cada
sección de casillas marcada en negrita dé como resultado el
número pequeño indicado en la parte superior izquierda de cada
zona.

Aquí tienes un ejemplo:

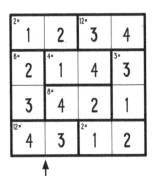

Los números de cada sección en negrita se multiplican entre sí para
obtener como resultado el número pequeño en la parte superior
izquierda. Por ejemplo, en esta sección en negrita, 4 x 3 = 12.

18 ×			8 ×
	12 ×	2 ×	
4 ×			24 ×

Suma o resta los siguientes pares de horas y escribe la hora resultante en el recuadro en blanco. Las horas se expresan en el formato de 24 horas, por lo que debes sumar o restar los números que indican las horas y los minutos para averiguar el resultado.

22:25   −   17:25   = ☐

13:20   −   05:50   = ☐

23:55   −   12:55   = ☐

00:50   +   08:20   = ☐

09:20   +   02:20   = ☐

08:25   +   03:10   = ☐

07:55   −   04:25   = ☐

23:25   −   00:55   = ☐

18:10   −   16:50   = ☐

15:25   −   08:40   = ☐

Te damos la bienvenida a este curioso pueblo de cuadriláteros, donde prácticamente todo tiene cuatro caras. ¿Cuántas figuras como las siguientes puedes contar? Escribe tus respuestas debajo.

Rombos

Trapezoides

Romboides

....

Cuadrados

Trapecios

....

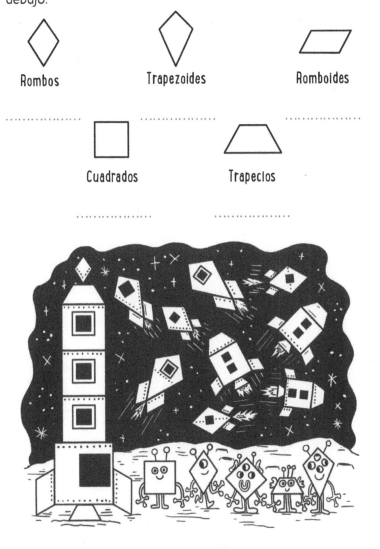

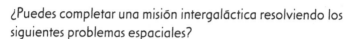
¿Puedes completar una misión intergaláctica resolviendo los siguientes problemas espaciales?

a) Un día está formando por 24 horas. Si me paso 3 horas en el vehículo lunar, ¿qué porcentaje del día es?

Respuesta: ....

b) Si mi nave espacial recorre cinco órbitas completas de la luna, más otra media órbita, ¿cuántos grados habrá girado en total?

Respuesta: ....

¿Cuántos rectángulos puedes contar en la siguiente imagen? Incluye todos los que encuentres, también el rectángulo grande que limita la imagen. Recuerda que los rectángulos pequeños pueden agruparse para crear otros más grandes.

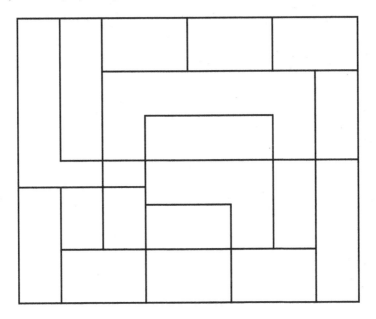

Hay .... rectángulos.

JUEGO MATEMÁTICO 72

Para completar el sudoku diferencia + 1 / diferencia + 2 de la siguiente página, coloca los números del 1 al 6 sin repetirlos en cada fila, columna y recuadro 3 x 2 marcado en negrita, como en un sudoku normal.

Además, si ves una barra blanca que une dos casillas contiguas, ten en cuenta que el número de una de esas casillas es igual al número de la otra + 1. Y si ves una barra gris que une dos casillas contiguas, ten en cuenta que el número de una de esas casillas es igual al número de la otra + 2. Si no hay ninguna barra entre las casillas, entonces es que no existe diferencia numérica ni de 1 ni de 2.

Aquí tienes un ejemplo:

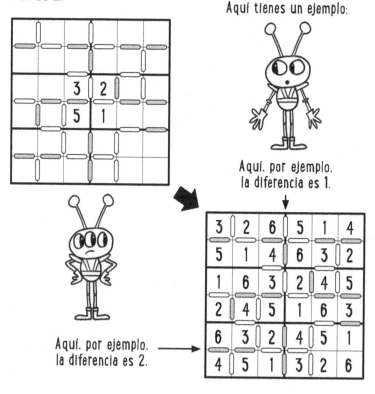

Aquí, por ejemplo, la diferencia es 1.

Aquí, por ejemplo, la diferencia es 2.

¿Puedes solucionar los siguientes anagramas numéricos? El objetivo es reordenar los números y los símbolos matemáticos para que den el resultado indicado. Puedes usar todos los paréntesis que quieras, pero solo puedes usar una vez cada número y cada símbolo matemático.

Por ejemplo, si tenemos 1, 2, 3, + y x, puedes obtener el resultado de 9 con la operación (1 + 2) x 3 = 9.

a)

| 1 | 3 | 4 | 10 | + | − | X |

Resultado = 33

Respuesta: ....

b)

| 2 | 3 | 6 | 7 | − | − | X |

Resultado = 15

Respuesta: ....

Escribe un número en cada una de las casillas vacías de las siguientes pirámides, de manera que cada casilla por encima de la última línea sea la suma de los números de los dos bloques que están justo debajo.

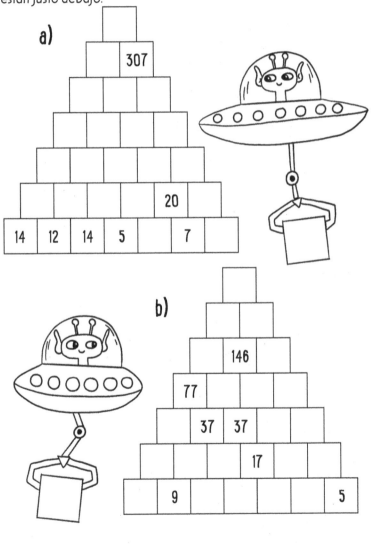

a)

307

20

14 | 12 | 14 | 5 | | 7

b)

146

77

37 | 37

17

9 | | | | 5

Suma algunos de los siguientes números para obtener los resultados que te indicamos más abajo.

11   3   18   8   17   7   4

Cada número se puede usar solo una vez para cada resultado. Por ejemplo, puedes obtener 27 sumando 3 + 17 + 7.

Resultados:
10
20
45
60

Escribe aquí tus respuestas:

....

....

....

....

....

....

....

Completa las siguientes operaciones matemáticas escribiendo el número correcto en cada recuadro vacío.

$\boxed{} \div 9 = 16$ $\qquad$ $126 \div \boxed{} = 14$

$7 + \boxed{} = 61$ $\qquad$ $6 \times \boxed{} = 36$

$\boxed{} - 18 = 65$ $\qquad$ $2 \times \boxed{} = 16$

$95 - \boxed{} = 88$ $\qquad$ $\boxed{} \times 10 = 90$

$\boxed{} - 13 = 13$ $\qquad$ $26 + \boxed{} = 51$

$\boxed{} - 27 = 26$ $\qquad$ $50 - \boxed{} = 36$

$\boxed{} \times 4 = 12$ $\qquad$ $3 \times \boxed{} = 15$

Para resolver este sudoku de sumas diagonales, coloca los números del 1 al 6 sin repetirlos en cada fila, columna y recuadro 3 x 2 marcado en negrita, como en un sudoku normal. Cada uno de los números situados fuera de la cuadrícula te indica la suma de la diagonal señalada por la flecha.

Aquí tienes un ejemplo para que veas cómo funciona este juego:

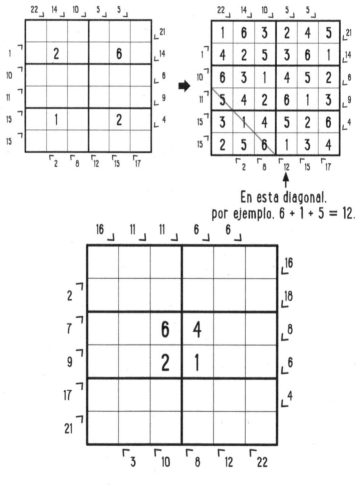

En esta diagonal, por ejemplo. 6 + 1 + 5 = 12.

Estos diez números se pueden dividir en dos series matemáticas, cada una de ellas de cinco números. Traza líneas para dibujar un camino que una por orden cada serie de cinco números. Dicho de otra manera, traza una línea desde el primer número de la serie al segundo, y luego del segundo al tercero de la serie y así hasta llegar al quinto número.

Por ejemplo, si la serie fuera «x 2», podrías empezar trazando una línea para unir el 3 con el 6.

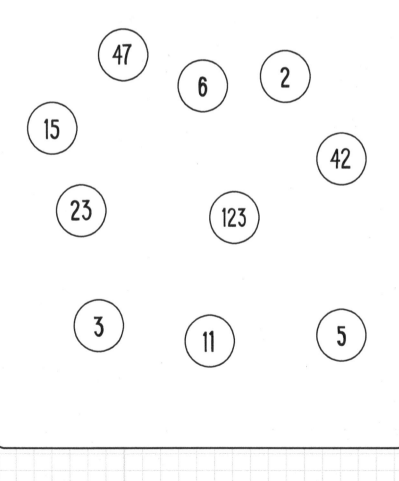

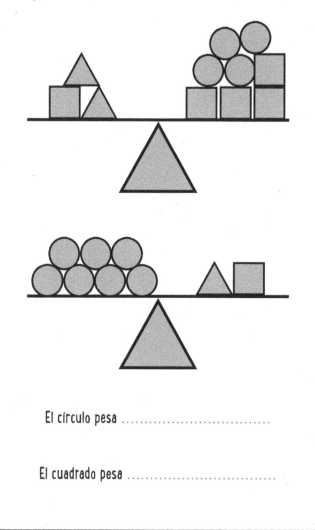

Si el triángulo pesa 5 kilos, ¿cuánto pesan el círculo y el cuadrado?

En cada una de las imágenes, ten en cuenta que la distancia desde el eje central es irrelevante.

El círculo pesa ....

El cuadrado pesa ....

¿Puedes utilizar cada uno de los porcentajes que encontrarás más abajo para relacionar una pareja de números? Solo puedes utilizar una vez cada número y cada porcentaje. Ten en cuenta que existen diversas formas de relacionar algunas parejas, pero solo una que te permite utilizar todos los números y los porcentajes una sola vez.

Por ejemplo, puedes usar 50% para unir 32 y 64, ya que 32 es el 50% de 64.

64   **60**   **16**

45   **12**   **24**   **20**

150   **32**   **40**

El 20 % de .... es ....

El 25 % de .... es ....

El 30 % de .... es ....

El 50 % de .... es ....

El 75 % de .... es ....

Completa las siguientes operaciones monetarias y anota los resultados en los recuadros vacíos.

21.60 € – 1.42 € = ☐

2.17 € – 76 céntimos = ☐

49.40 € – 43.60 € = ☐

32.60 € – 2.40 € = ☐

4.83 € – 1.02 € = ☐

4.11 € + 28.90 € = ☐

38.90 € – 29.30 € = ☐

1.18 € – 28 céntimos = ☐

2.97 € + 4.92 € = ☐

23.90 € – 4.94 € = ☐

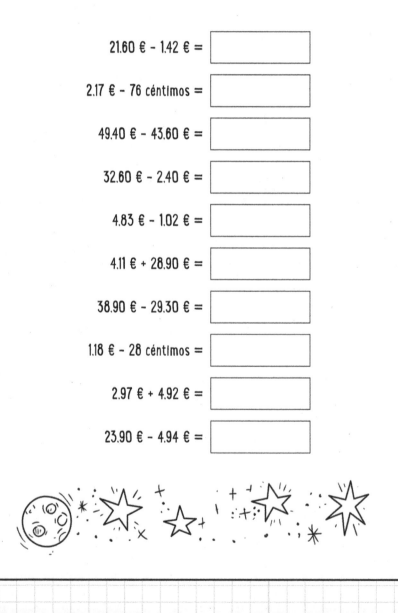

16.50 € – 76 céntimos =

50 € – 3.88 € =

1.74 € – 1.40 € =

39.10 € – 3.54 € =

2.20 € + 1.69 € =

48.10 € – 14.30 € =

47.60 € – 73 céntimos =

10.90 € – 4.10 € =

38.40 € – 7 céntimos =

2.86 € + 43 € =

El «sudoku asesino» de la siguiente página es una variante del sudoku normal. No solo tienes que colocar los números del 1 al 6 sin repetirlos en cada fila, columna y recuadro 3 x 2 marcado en negrita, sino que también tienes que escribir los números de modo que, sumados los de cada sección punteada de cuadrados, el resultado sea igual al número pequeño situado en la parte superior izquierda de dicha sección.

Pero, además, existe otra regla muy importante: no puedes repetir ningún número dentro de una sección punteada. Por ejemplo, la solución a la sección «15» del rompecabezas que encontrarás a continuación no podría ser 6 + 6 + 3.

Aquí tienes un ejemplo solucionado para que veas cómo funciona este juego:

En esta sección punteada, por ejemplo, 1 + 3 + 5 = 9.

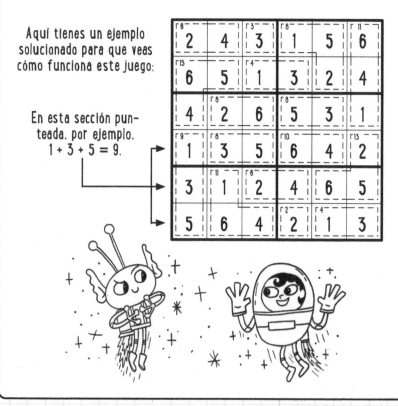

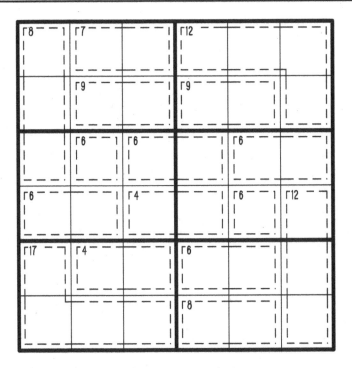

Fíjate en todos estos encantadores alienígenas.

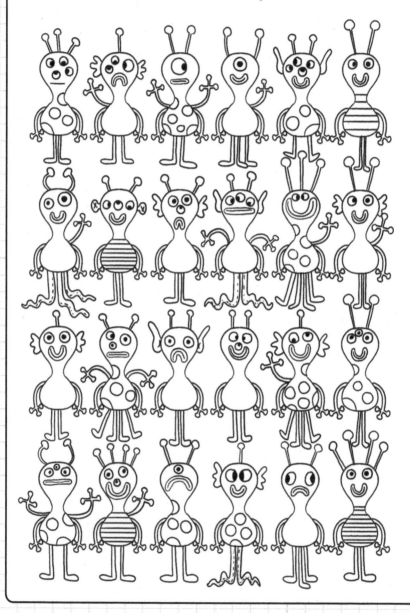

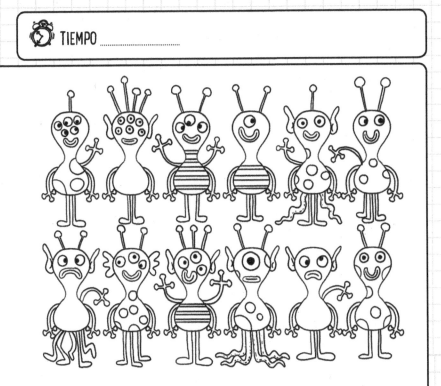

a) ¿Cuántos alienígenas tienen cuatro ojos o más?

Respuesta: ....

b) ¿Cuántos de los alienígenas tienen más antenas que ojos?

Respuesta: ....

c) ¿Cuántas antenas tiene el alienígena con la suma más alta de brazos, piernas y ojos?

Respuesta: ....

¿Puedes obtener los resultados que te proponemos eligiendo un número de cada uno de los círculos de la diana?

Por ejemplo, puedes obtener un resultado de 42 eligiendo 13 en el círculo interior, 14 en el círculo central y 15 en el círculo exterior. Solo puedes escoger un número de cada círculo.

Resultados:

48 = ...

64 = ...

70 = ...

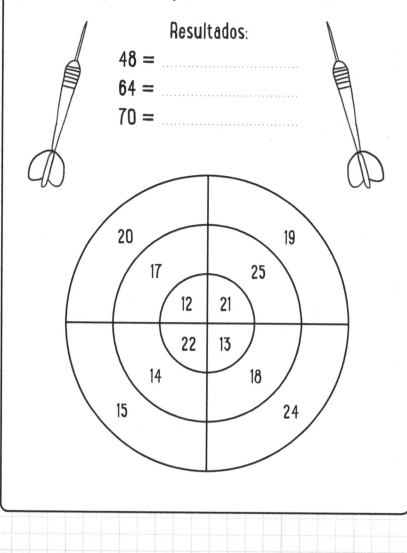

Traza líneas sobre algunas de las líneas punteadas para dividir la cuadrícula en una serie de rectángulos o cuadrados. Dentro de cada rectángulo o cuadrado solo puede haber un número: la suma del ancho y del alto del rectángulo o cuadrado debe ser igual al valor de ese número.

Aquí tienes un ejemplo solucionado:

Este rectángulo, por ejemplo, es de 1 cuadrado de alto por 3 de ancho, de manera que 1 + 3 = 4.

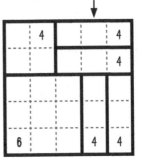

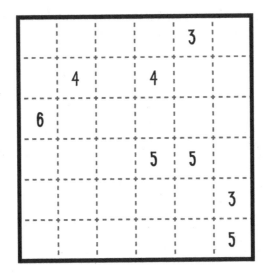

Aquí tienes un kakuro. ¿Puedes colocar un número del 1 al 9 en cada cuadrado blanco, de modo que cada «línea» seguida de casillas blancas consecutivas, horizontales o verticales, sume el número indicado en la parte izquierda o en lo alto de dicha «línea»? No puedes repetir ningún número en ninguna línea. Por ejemplo, podrías obtener un resultado de 4 con 1 + 3, pero no con 2 + 2.

Aquí tienes un ejemplo solucionado:

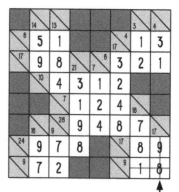

En estas dos «líneas», por ejemplo, 1 + 8 = 9 horizontalmente y 8 + 9 = 17 verticalmente.

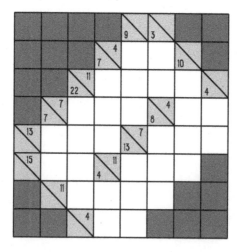

Cuando lanzas una moneda, tienes dos resultados posibles:
CARA o CRUZ.

a) ¿Cuál es la probabilidad de sacar dos caras seguidas cuando lanzas una moneda dos veces? Escribe la respuesta en forma de fracción.

Respuesta: ....

b) ¿Y cuál es la probabilidad de sacar tres caras seguidas cuando lanzas una moneda tres veces? Escribe la respuesta en forma de fracción.

Respuesta: ....

c) Si lanzo una moneda tres veces, ¿cuál es la probabilidad de sacar dos caras y una cruz? Escribe la respuesta en forma de fracción.

Respuesta: ....

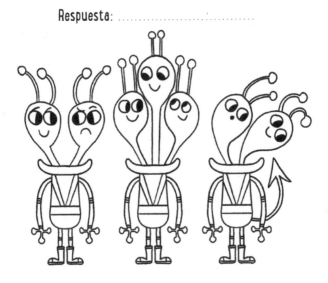

Para resolver el rompecabezas de la siguiente página, coloca los números del 1 al 5 sin repetirlos una vez en cada fila y columna. Todas las casillas en las que un número es mayor que los números de las tres casillas que tocan una de sus esquinas están marcadas con una flecha que señala hacia esa esquina. Por ejemplo, el 5 de la primera columna del rompecabezas que tienes a continuación es mayor que el número de la casilla de arriba, que el de la casilla que se encuentra en diagonal a la derecha y que el de la casilla que está a la derecha.

Aquí tienes un ejemplo para que veas cómo funciona este juego:

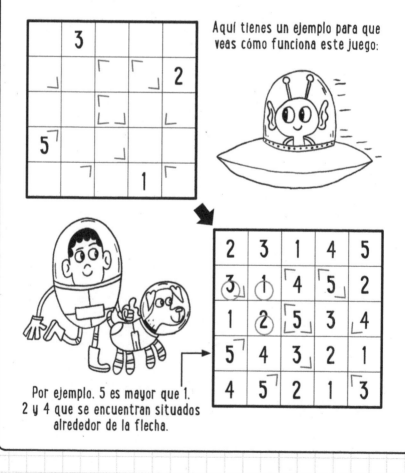

Por ejemplo. 5 es mayor que 1. 2 y 4 que se encuentran situados alrededor de la flecha.

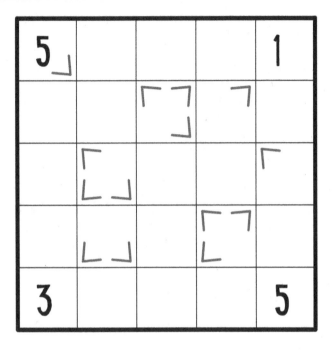

Estos números suman 70. Si eliminas algunos de ellos, puedes disminuir el resultado. Por ejemplo, si eliminas el 3 y el 17, el resultado será ahora 50.

| 3 | 6 | 9 | 10 | 12 | 13 | 17 |

Eliminando uno o más números, ¿podrías obtener los resultados que te indicamos más abajo? Cada resultado se puede obtener de cuatro modos distintos. ¿Puedes descubrirlos en cada caso?

PISTA: Calcula la diferencia entre el resultado que necesitas
y la suma total de todos los números. Los números
que tienes que eliminar deben sumar esa diferencia.

48

Respuesta 1: ....

Respuesta 2: ....

Respuesta 3: ....

Respuesta 4: ....

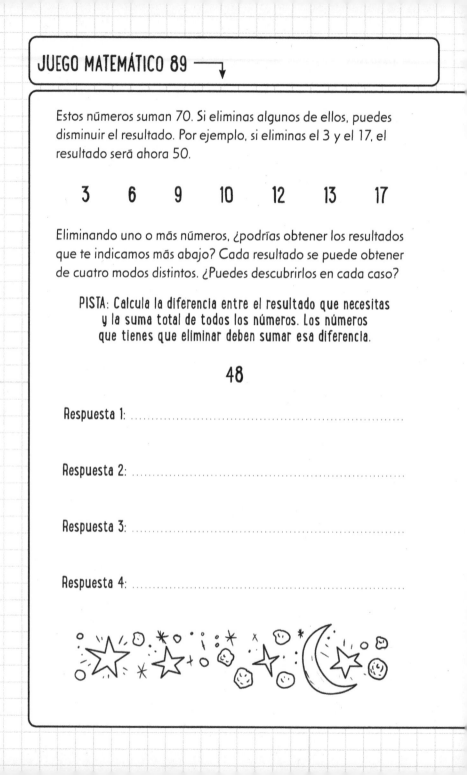

42

Respuesta 1: ....

Respuesta 2: ....

Respuesta 3: ....

Respuesta 4: ....

32

Respuesta 1: ....

Respuesta 2: ....

Respuesta 3: ....

Respuesta 4: ....

Para resolver este sudoku de flechas, coloca los números del 1 al 6 una sola vez en cada fila, columna y recuadro 3 x 2 marcado en negrita, como en un sudoku normal. Cada número que está dentro de un círculo debe ser igual a la suma de todos los números por los que pasa la flecha unida al círculo.

Aquí tienes un ejemplo para que veas cómo funciona este juego:

Por ejemplo, 6 = 1 + 5 en este círculo-flecha. ——↑

Resuelve este futoshiki colocando los números del 1 al 5 sin repetirlos en cada fila y en cada columna. Tienes que respetar los símbolos «mayor que». Son esas flechas que siempre señalan del número mayor al número menor en una pareja. Por ejemplo, puedes decir «2, 3, 4 o 5 > 1», ya que 2, 3, 4 y 5 son mayores que 1, pero no puedes decir «1 > 2» porque 1 no es mayor que 2.

Aquí tienes un ejemplo solucionado:

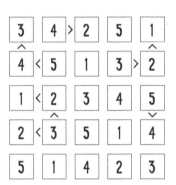

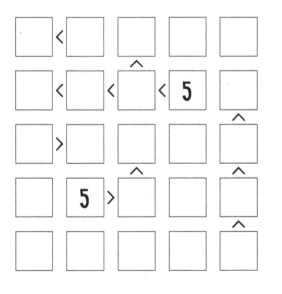

Resuelve estos rompecabezas escritos usando tus maravillosas dotes matemáticas.

a) En la tienda de mi barrio, un litro de leche cuesta 55 céntimos y una barra de pan 1,20 €. Si me gasto 5,80 € solo en leche y en barras de pan, ¿qué es lo que he comprado exactamente?

Respuesta: ....

b) El año pasado planté muchos bulbos de narcisos en mi jardín, pero solo el 65 % se convirtió en plantas. Si al final tenía 78 plantas, ¿cuántos bulbos planté?

Respuesta: ....

¿Cuál de las figuras de las opciones a), b) o c) puede sustituir el interrogante para equilibrar la última balanza?

En cada una de las imágenes ten en cuenta que la distancia desde el eje central es irrelevante.

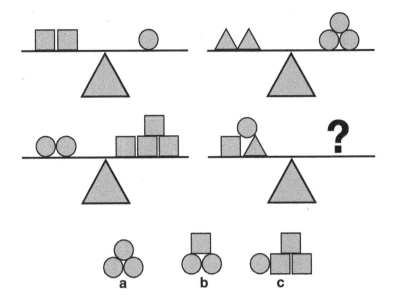

Respuesta:

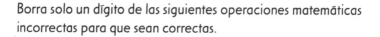

Borra solo un dígito de las siguientes operaciones matemáticas incorrectas para que sean correctas.

Por ejemplo, 12 + 3 = 4 sería correcta si borras el «2», de manera que diga 1 + 3 = 4.

a) 46 + 37 + 58 = 101

Respuesta: ....

b) (30 x 50) + (75 x 90) = 1.500

Respuesta: ....

c) 1.411 + 1.221 + 1.311 = 2.844

Respuesta: ....

d) 12 x 13 x 15 x 17 x 19 = 62.985

Respuesta: ....

¿Puedes averiguar qué ocurre en el recuadro central de estos dibujos? Se está produciendo una operación matemática secreta que convierte un número en otro. En el primer dibujo, por ejemplo, ¿qué operación puede convertir 5 en 11, 4 en 9, 8 en 17 y 7 en 15?

a)

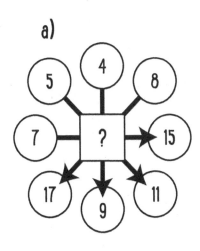

Respuesta:

....

b)

Respuesta:

....

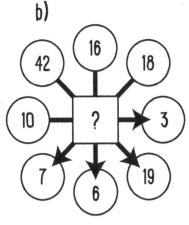

Para resolver el sudoku de múltiplos escondidos de la página siguiente, coloca los números del 1 al 6 sin repetirlos en cada fila, columna y recuadro marcado en negrita, como en un sudoku normal.

Además, todos los lugares en que dos casillas contiguas contienen valores en los que uno es un número entero múltiplo del otro están marcados con un pequeño círculo, entre las dos casillas, que contiene un signo de multiplicación. Por ejemplo, si una casilla contiene un número cuyo valor es tres veces el valor del otro, verás un círculo en la línea que une las dos casillas.

PISTA: El «1» siempre tiene un círculo a cada lado. así que puedes anotar enseguida todos los «1».

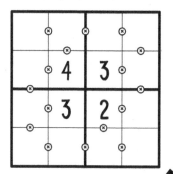

Aquí tienes un ejemplo para que veas cómo funciona este juego:

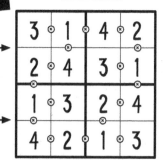

Estos dos números NO están unidos por un signo de multiplicación porque no son múltiplos enteros: 3 es 1 ½ veces 2. →

Estos dos números SÍ están → unidos por un signo de multiplicación porque son múltiplos enteros.

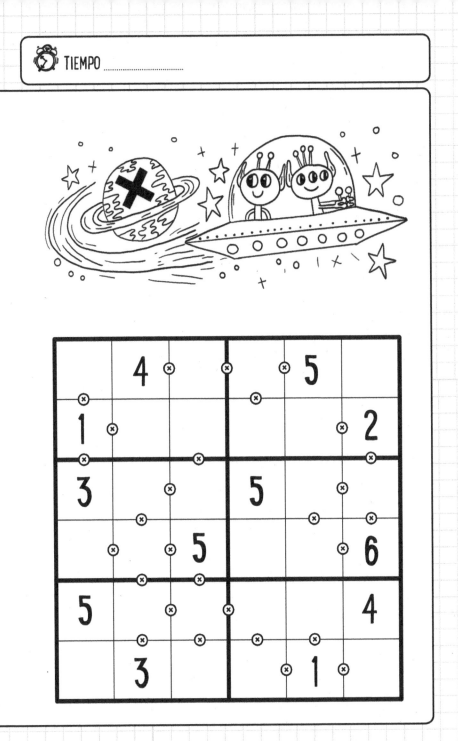

Fíjate en los calendarios que encontrarás a continuación y trata de responder las preguntas de la página siguiente.

ENERO						
1	2	3	4	5	6	7
8	9	10	11	12	13	14
15	16	17	18	19	20	21
22	23	24	25	26	27	28
29	30	31				

FEBRERO						
			1	2	3	4
5	6	7	8	9	10	11
12	13	14	15	16	17	18
19	20	21	22	23	24	25
26	27	28	29			

MARZO						
				1	2	3
4	5	6	7	8	9	10
11	12	13	14	15	16	17
18	19	20	21	22	23	24
25	26	27	28	29	30	31

ABRIL						
1	2	3	4	5	6	7
8	9	10	11	12	13	14
15	16	17	18	19	20	21
22	23	24	25	26	27	28
29	30					

MAYO						
		1	2	3	4	5
6	7	8	9	10	11	12
13	14	15	16	17	18	19
20	21	22	23	24	25	26
27	28	29	30	31		

JUNIO						
					1	2
3	4	5	6	7	8	9
10	11	12	13	14	15	16
17	18	19	20	21	22	23
24	25	26	27	28	29	30

JULIO						
1	2	3	4	5	6	7
8	9	10	11	12	13	14
15	16	17	18	19	20	21
22	23	24	25	26	27	28
29	30	31				

AGOSTO						
			1	2	3	4
5	6	7	8	9	10	11
12	13	14	15	16	17	18
19	20	21	22	23	24	25
26	27	28	29	30	31	

TIEMPO ....

SEPTIEMBRE						
						1
2	3	4	5	6	7	8
9	10	11	12	13	14	15
16	17	18	19	20	21	22
23	24	25	26	27	28	29
30						

OCTUBRE						
	1	2	3	4	5	6
7	8	9	10	11	12	13
14	15	16	17	18	19	20
21	22	23	24	25	26	27
28	29	30	31			

NOVIEMBRE						
				1	2	3
4	5	6	7	8	9	10
11	12	13	14	15	16	17
18	19	20	21	22	23	24
25	26	27	28	29	30	

DICIEMBRE						
						1
2	3	4	5	6	7	8
9	10	11	12	13	14	15
16	17	18	19	20	21	22
23	24	25	26	27	28	29
30	31					

a) Si hoy es 3 de noviembre, ¿cuántos días faltan hasta el 23 de febrero del año que viene?

Respuesta: ....

b) Si hoy fuera 19 de agosto, ¿cuántos días habrían pasado desde el 25 de abril?

Respuesta: ....

c) Mañana es 29 de febrero, ¿cuántos días faltan desde ahora hasta el día de Navidad?

Respuesta: ....

Te dan una calculadora que alguien acaba de encender, de manera que se ve un 0.

¿Puedes conseguir que muestre un número en concreto? El único problema es que la mayoría de las teclas están rotas. Solo funcionan estas: **−, ×, ÷, =** y **7**.

a) Primero, ¿puedes conseguir que aparezca el número 6 en la pantalla pulsando las teclas solo siete veces? Si quieres, ¡practica antes con una calculadora de verdad!

Respuesta: ....

b) Cuando lo hayas conseguido, apaga la calculadora y vuelve a encenderla, para que salga otra vez 0. Ahora, ¿puedes conseguir que aparezca el número 70 en la pantalla pulsando las teclas solo cuatro veces?

Respuesta: ....

c) Por último, vuelve a poner la calculadora en 0. ¿Puedes conseguir que aparezca el número 100 en la pantalla pulsando las teclas solo ocho veces?

Respuesta: ....

¿Sabrías decir qué número es el siguiente en cada una de estas series matemáticas y por qué?

a) 7 17 26 34 41 47 ....

b) 59 53 47 43 41 37 ....

c) 0.15 0.3 0.6 1.2 2.4 4.8 ....

d) 35 24 13 2 -9 -20 ....

e) 3 5 8 13 21 34 ....

Para resolver este calcudoku, coloca los números del 1 al 4 sin repetirlos en cada fila y en cada columna. Debes escribir los números de forma que los valores de cada sección de recuadros marcada en negrita se sumen o multipliquen para dar como resultado el número pequeño indicado en la parte superior izquierda de cada sección, tal y como indican los signos «**X**» o «**+**». En las secciones de una sola casilla el valor es el mismo que el del número de la esquina superior, por lo que puedes escribirlos en cuanto empieces a resolver el rompecabezas.

Aquí tienes un ejemplo para que veas cómo funciona este juego:

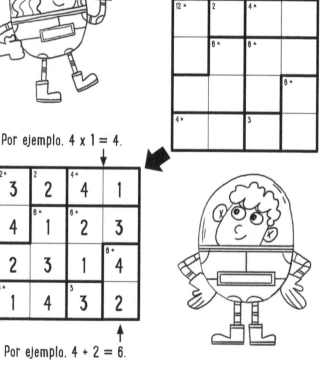

Por ejemplo, 4 x 1 = 4.

Por ejemplo, 4 + 2 = 6.

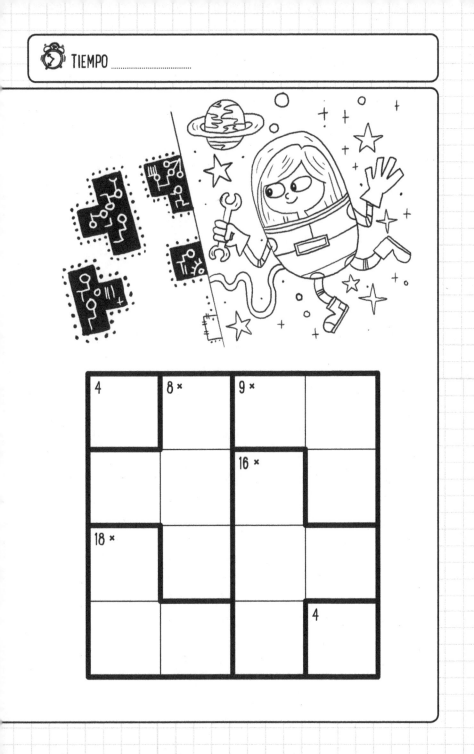

4	8 ×	9 ×	
		16 ×	
18 ×			
			4

Coloca un número del 1 al 9 en cada casilla blanca, de manera que cada «línea» de casillas blancas horizontales o verticales consecutivas sume el número indicado en la parte izquierda o en lo alto de dicha «línea». No puedes repetir ningún número en ninguna línea. Por ejemplo, podrías obtener un resultado de 4 con 1 + 3, pero no con 2 + 2.

Aquí tienes un ejemplo solucionado:

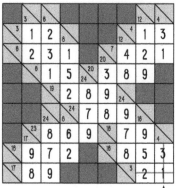

En estas dos «líneas», por ejemplo, 1 + 2 = 3 horizontalmente y 1 + 3 = 4 verticalmente.

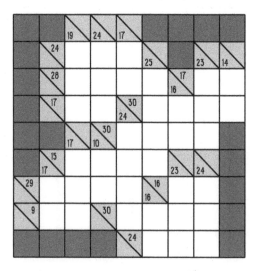

TODAS
LAS
SOLUCIONES

JUEGO MATEMÁTICO 1

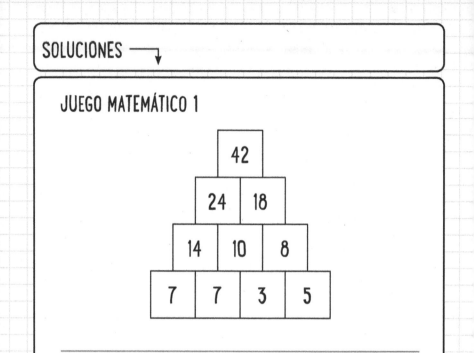

JUEGO MATEMÁTICO 2

1	×	4	=	4
×	■	+		
2	+	3	=	5
=		=		
2		7		

JUEGO MATEMÁTICO 3

Hay 31 cubos:

6 en la primera capa (empezando desde arriba),
11 en la segunda capa y 14 en la tercera.

JUEGO MATEMÁTICO 4

a)   29   27   25   23   21   19   **17**

Se restan 2 en cada paso.

b)   23   26   29   32   35   38   **41**

Se suman 3 en cada paso.

c)   128   64   32   16   8   4   **2**

Se divide entre 2 en cada paso.

d)   7   13   19   25   31   37   **43**

Se suman 6 en cada paso.

e)   7   8   10   13   17   22   **28**

Se suma 1 en el primer paso, 2 en el segundo, 3 en el tercero
y así sucesivamente.

JUEGO MATEMÁTICO 5

Manzana = 1   Plátano = 3   Cereza = 2

JUEGO MATEMÁTICO 6

$3 \times 3 = 9$ $5 \times 5 = 25$

$6 \times 2 = 12$ $4 + 9 = 13$

JUEGO MATEMÁTICO 7

a)

| 17 | 19 | 13 | 29 | 28 | 14 |

b)

| 17 | 34 | 47 | 46 | 23 | 3 |

c)

| 14 | 70 | 75 | 15 | 26 | 52 |

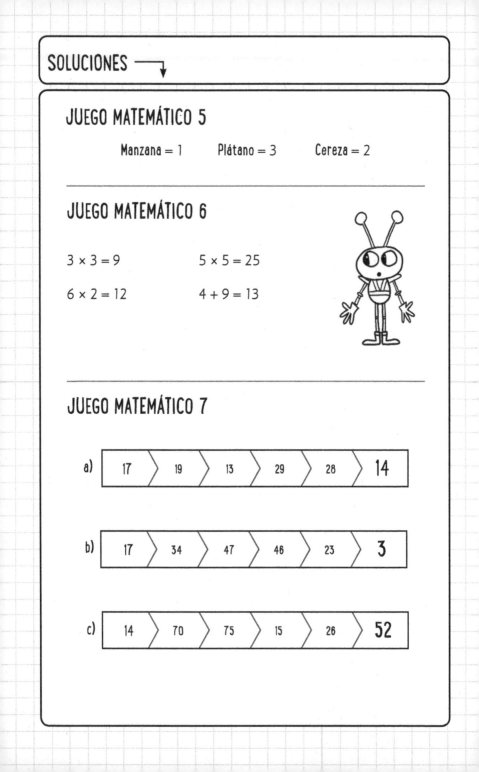

JUEGO MATEMÁTICO 8

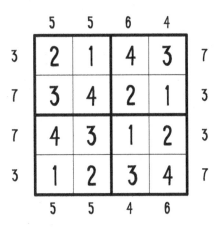

	5	5	6	4	
3	2	1	4	3	7
7	3	4	2	1	3
7	4	3	1	2	3
3	1	2	3	4	7
	5	5	4	6	

JUEGO MATEMÁTICO 9

$18 = 7 + 11$

$24 = 5 + 7 + 12$

$31 = 4 + 5 + 10 + 12$

$35 = 5 + 7 + 11 + 12$

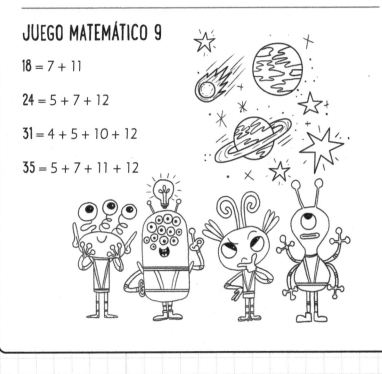

JUEGO MATEMÁTICO 10

12 $\times$ 11 = 132   4 $\times$ 4 = 16

42 $-$ 8 = 34   2 $+$ 3 = 5

120 $\div$ 12 = 10   4 $\times$ 12 = 48

72 $\div$ 8 = 9   12 $\times$ 12 = 144

17 $+$ 38 = 55   3 $\times$ 10 = 30

56 $+$ 5 = 61   8 $\times$ 6 = 48

32 $\div$ 8 = 4   19 $+$ 43 = 62

JUEGO MATEMÁTICO 11

$12 = 3 + 5 + 4$

$24 = 3 + 12 + 9$

$26 = 11 + 8 + 7$

JUEGO MATEMÁTICO 12

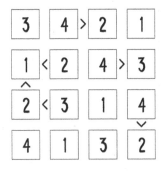

JUEGO MATEMÁTICO 13

The total is 33:

JUEGO MATEMÁTICO 14

a) Cuatro monedas: 20 + 20 + 5 + 1

b) Siete monedas: 1 + 1 + 5 + 10 + 10 + 20 + 20

c) Te darían cambio por valor de 43 céntimos de Lejanolandia. Por tanto, cuatro monedas: 20 + 20 + 2 + 1

JUEGO MATEMÁTICO 15

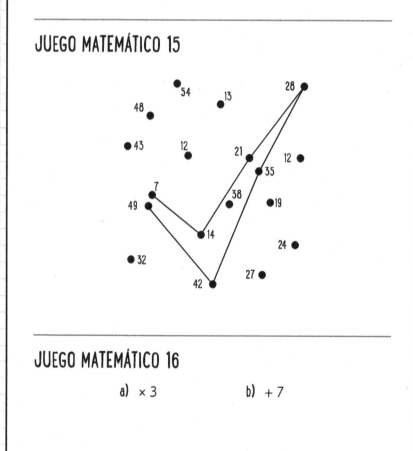

JUEGO MATEMÁTICO 16

a) × 3   b) + 7

JUEGO MATEMÁTICO 17

3+ 2	1	10+ 3
3	2	1
1	5+ 3	2

JUEGO MATEMÁTICO 18

a)
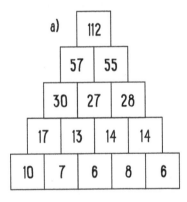

b)
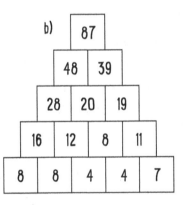

JUEGO MATEMÁTICO 19

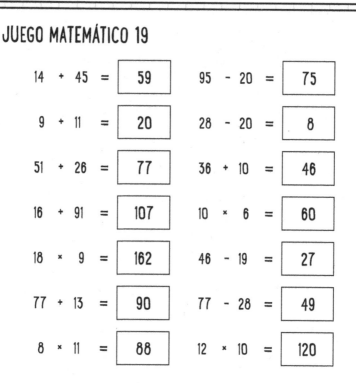

14 + 45 = **59**		95 − 20 = **75**
9 + 11 = **20**		28 − 20 = **8**
51 + 26 = **77**		36 + 10 = **46**
16 + 91 = **107**		10 × 6 = **60**
18 × 9 = **162**		46 − 19 = **27**
77 + 13 = **90**		77 − 28 = **49**
8 × 11 = **88**		12 × 10 = **120**

JUEGO MATEMÁTICO 20

Borra el **1** del 17 para obtener: $3 \times 7 + 4 = 25$

Borra el **3** del 23 para obtener: $12 + 2 + 34 = 48$

Borra el **2** del 25 para obtener: $36 + 43 + 5 = 84$

Borra el **1** del 10 para obtener: $0 \times 12 \times 14 \times 16 \times 18 = 0$

JUEGO MATEMÁTICO 21

a) $(3 + 4) \times 7 = 49$ **b)** $(4 - 1) \times 5 = 15$

JUEGO MATEMÁTICO 22

a) 19:30 h   **c)** 2:20 h

b) 6:30 h   **d)** 7:15 h

JUEGO MATEMÁTICO 23

a) Dos relojes: las 5:30 en el reloj de pie y las 8:30 en el reloj que está en el centro de la primera página.

b) Las 11:05: en el reloj de bolsillo y en el segundo reloj de la segunda página.

c) Dos relojes: las 7:15 en el cronómetro y las 7:58 en el reloj digital grande.

JUEGO MATEMÁTICO 24

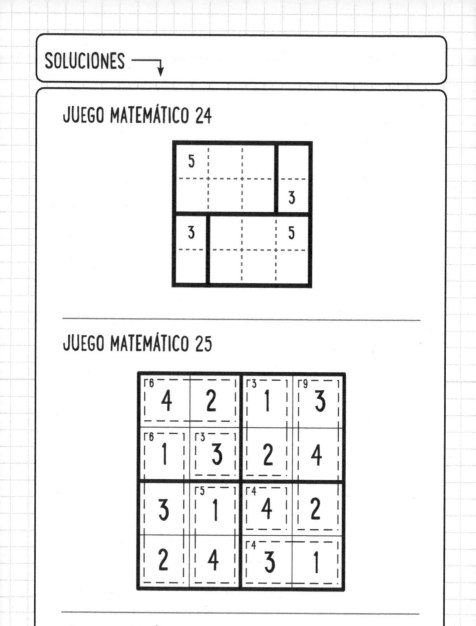

JUEGO MATEMÁTICO 25

JUEGO MATEMÁTICO 26

Amelia tiene 14 años; Berta, 11, y Carlos, 7.

JUEGO MATEMÁTICO 27

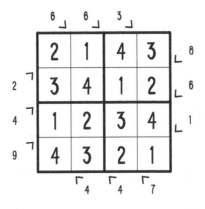

	6⌐	6⌐	3⌐		
	2	1	4	3	⌐ 8
2⌐	3	4	1	2	⌐ 6
4⌐	1	2	3	4	⌐ 1
9⌐	4	3	2	1	
	⌐4	⌐4	⌐7		

JUEGO MATEMÁTICO 28

	9	20			11	4
17	8	9		11⟍7	8	3
4	1	3	6⟍11	2	3	1
	13	8	1	4	13	
	15	16⟍7	2	1	4	17
23	6	9	8	9	1	8
16	9	7		17	8	9

JUEGO MATEMÁTICO 29

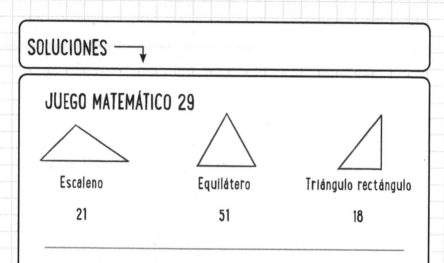

Escaleno	Equilátero	Triángulo rectángulo
21	51	18

JUEGO MATEMÁTICO 30

Hay **21 rectángulos** en total. Si has encontrado más de 18, ¡lo has hecho genial!

JUEGO MATEMÁTICO 31

$$17-4=13$$

Existen **tres formas** de arreglar la segunda parte del juego. Si has encontrado dos de las siguientes, lo has hecho muy bien.

$$2 \times 30 = 60$$
$$3 \times 30 = 90$$
$$2 \times 40 = 80$$

JUEGO MATEMÁTICO 32

a) 18/40 cohetes, que se puede simplificar a 9/20.

b) 7/22 cohetes.

c) 8/18 cohetes, que se puede simplificar a 4/9.

d) 5/12 cohetes.

JUEGO MATEMÁTICO 33

1	3+	10+	
1	2	4	3
7+			**3+**
4	1	3	2
	9+	**3+**	
3	4	2	1
			4
2	3	1	4

JUEGO MATEMÁTICO 34

a): 64 — todos los demás números son impares.

b): 21 — todos los demás números son números primos.

JUEGO MATEMÁTICO 35

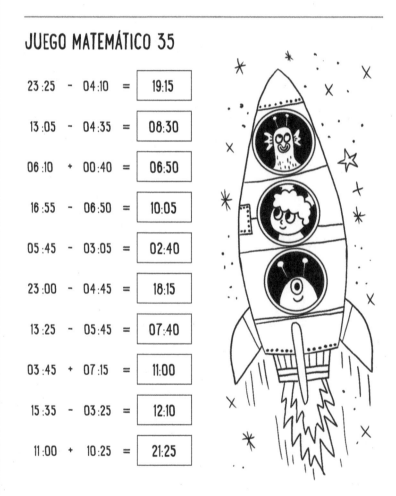

23:25	−	04:10	=	19:15
13:05	−	04:35	=	08:30
06:10	+	00:40	=	06:50
16:55	−	06:50	=	10:05
05:45	−	03:05	=	02:40
23:00	−	04:45	=	18:15
13:25	−	05:45	=	07:40
03:45	+	07:15	=	11:00
15:35	−	03:25	=	12:10
11:00	+	10:25	=	21:25

JUEGO MATEMÁTICO 36

a) $XXX - XII = XVIII$

b) $XIX - V = XIV$

c) $LX + XL = C$

d) $VII + VI + V + IV + III = XXV$

e) $IX \times XI = XCIX$ (aunque IC también es matemáticamente correcto, los romanos lo habrían escrito como XCIX)

f) $I + V + X + L + C = CLXVI$

JUEGO MATEMÁTICO 37

4	2	6	3	1	5
5	3	1	2	6	4
3	1	5	6	4	2
6	4	2	5	3	1
1	5	3	4	2	6
2	6	4	1	5	3

JUEGO MATEMÁTICO 38

a) $4 \div 4 + 4 + 4 + 4 =$

$4 \div 4$ te da 1, luego le sumas 4 tres veces y el resultado es 13.

b) $4 \times 4 + 4 + 4 + 4 =$

4×4 te da 16, luego le sumas 4 tres veces y el resultado es 28.

c) $44 \div 4 =$

Esta solución es muy astuta, porque pulsas la tecla 4 dos veces para obtener 44. Luego, solo tienes que dividir entre 4 y el resultado es 11.

JUEGO MATEMÁTICO 39

a)

	216			
	113	103		
	61	52	51	
	31	30	22	29
11	20	10	12	17

b)

	244			
	120	124		
	61	59	65	
	34	27	32	33
19	15	12	20	13

JUEGO MATEMÁTICO 40

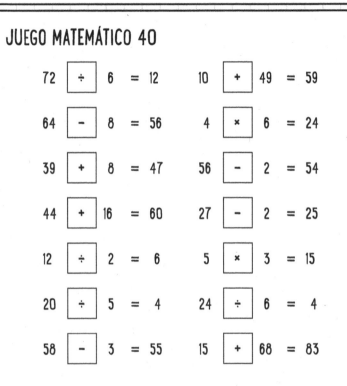

72	÷	6	=	12	10	+	49	=	59
64	−	8	=	56	4	×	6	=	24
39	+	8	=	47	56	−	2	=	54
44	+	16	=	60	27	−	2	=	25
12	÷	2	=	6	5	×	3	=	15
20	÷	5	=	4	24	÷	6	=	4
58	−	3	=	55	15	+	68	=	83

JUEGO MATEMÁTICO 41

a) Los dados a, c, d y e podrían ser 5.

b) Solo el dado c podría ser un 2.

c) El valor total más alto posible es 5 + 6 + 6 + 6 + 6 = 29.

d) El valor total más bajo posible es 1 + 6 + 2 + 4 + 4 = 17.

JUEGO MATEMÁTICO 42

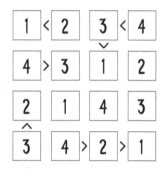

JUEGO MATEMÁTICO 43

29
1) 3 + 5 + 6 + 7 + 8 (eliminas 11)
2) 3 + 7 + 8 + 11 (eliminas 5, 6)
3) 5 + 6 + 7 + 11 (eliminas 3, 8)

24
1) 3 + 6 + 7 + 8 (eliminas 5, 11)
2) 5 + 8 + 11 (eliminas 3, 6, 7)
3) 6 + 7 + 11 (eliminas 3, 5, 8)

16
1) 3 + 5 + 8 (eliminas 6, 7, 11)
2) 3 + 6 + 7 (eliminas 5, 8, 11)
3) 5 + 11 (eliminas 3, 6, 7, 8)

JUEGO MATEMÁTICO 44

$32 = 8 + 7 + 17$

$49 = 19 + 12 + 18$

$53 = 16 + 20 + 17$

JUEGO MATEMÁTICO 45

a) 55, en el edificio de abajo a la izquierda. Solo tienes que contar las hileras (11) y las columnas (5) y multiplicarlas para obtener el total.

b) 8 ventanas iluminadas, en la tercera columna del edificio de arriba a la derecha.

JUEGO MATEMÁTICO 46

a) El lunes me comí 2 manzanas; el martes, 4 manzanas; el miércoles, 8 manzanas; el jueves, 16 manzanas, y el viernes, 32 manzanas. Eso significa que en total me he comido **62 manzanas**: 2 + 4 + 8 + 16 + 32. ¡Son muchas manzanas!

b) **48 manzanas.** Un mes de 28 días siempre tiene cuatro semanas exactas, así que hay 20 días laborables y 8 días de fin de semana. Eso significa que me comí (20 x 2) + (8 x 1) = 40 + 8 = 48 manzanas.

JUEGO MATEMÁTICO 47

	9	3	9	9	9	3	
9	5	1	3	4	6	2	12
12	4	2	6	5	3	1	9
8	3	4	1	6	2	5	13
13	6	5	2	3	1	4	8
9	1	3	5	2	4	6	12
12	2	6	4	1	5	3	9
	3	9	9	3	9	9	

JUEGO MATEMÁTICO 48

a)

| 36 | 77 | 11 | 39 | 14 | 7 |

b)

| 6 | 14 | 2 | 16 | 4 | 46 |

c)

| 40 | 20 | 5 | 25 | 60 | 10 |

JUEGO MATEMÁTICO 49

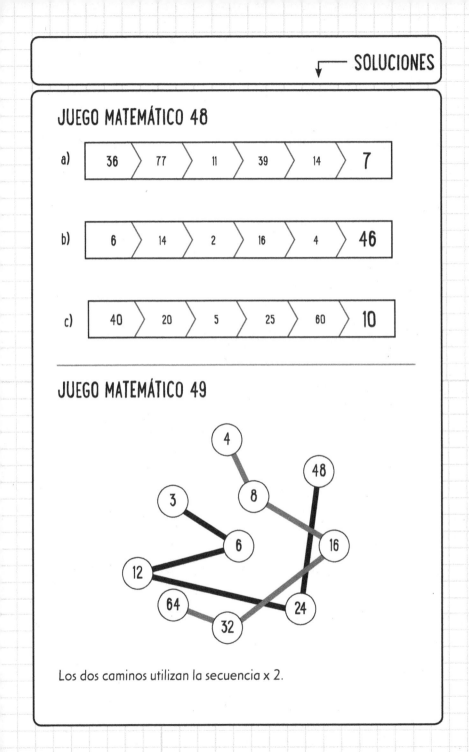

Los dos caminos utilizan la secuencia x 2.

JUEGO MATEMÁTICO 50

a) 5 monedas: 20 + 20 + 20 + 2 + 1

b) 12 monedas: 1 + 1 + 1 + 2 + 2 + 5 + 5 + 10 + 10 + 10 + 20 + 20

c) 3 monedas: te darían un cambio de 27 céntimos acullanenses. es decir. 20 + 5 + 2

JUEGO MATEMÁTICO 51

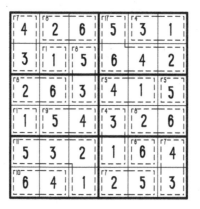

JUEGO MATEMÁTICO 52

a) 52 días

b) 86 días (hoy es 5 de febrero)

c) 21 días

JUEGO MATEMÁTICO 53

9	+	8	+	7	=	24
+	■	÷	■	×		
6	×	4	÷	3	=	8
+	■	÷	■	−		
5	×	2	−	1	=	9
=		=		=		
20		1		20		

JUEGO MATEMÁTICO 54

El círculo es el que **MÁS** pesa.   El cuadrado es el que **MENOS** pesa.

JUEGO MATEMÁTICO 55

Manzana = 5   Plátano = 4   Cereza = 7   Pitahaya = 3

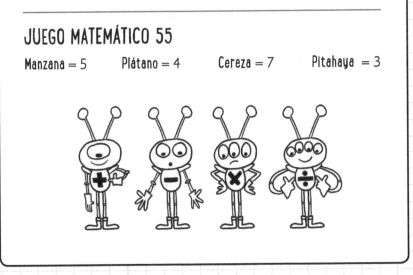

JUEGO MATEMÁTICO 56

a) **1 hora 15 minutos**: 30 minutos + (3 x 15 minutos)

1.500g (1,5kg)

b) Necesitaré **15 postes**, porque tiene que haber uno en cada extremo de la reparación y uno entre cada dos paneles

---

JUEGO MATEMÁTICO 57

a) Hay cuatro ases (uno por palo) en las 52 cartas, así que la probabilidad es de 4/52 = **1/13**

b) Hay 13 corazones en las 52 cartas, así que la probabilidad es de 13/52 = **1/4**

c) Hay 12 cartas de ese tipo (tres por palo, por cuatro palos) en la baraja de 52 cartas, así que la probabilidad es de 12/52 = **3/13**

d) La probabilidad de que la primera carta sea una jota es de 13/52. La probabilidad de que la siguiente carta sea también una jota es de 12/51. Así pues, la probabilidad de que las dos sean jotas es de 13/52 x 12/51 = 1/4 x 4/17 = **1/17**

JUEGO MATEMÁTICO 58

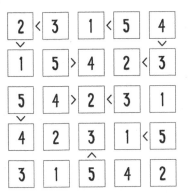

JUEGO MATEMÁTICO 59

a) 21 (1 + 2 + 3 + 4 + 5 + 6)

b) 30 (5 × 6)

c) Tres formas diferentes (1 + 6, 2 + 5, 3 + 4), o seis formas diferentes si no pierdes de vista cuál es cada dado (1 + 6, 2 + 5, 3 + 4, 4 + 3, 5 + 2, 6 + 1)

d) 1 entre 6: hay 36 resultados diferentes posibles con dos dados, si no pierdes de vista cuál es cada dado. 6 de esos 36 resultados posibles dan un total de 7, lo cual significa que la probabilidad es de 6 entre 36 (1 entre 6)

e) 1 entre 12: existen tres formas de sacar 10: 4 + 6, 5 + 5, 6 + 4, así que la probabilidad es de 3 entre 36 (1 entre 12)

JUEGO MATEMÁTICO 60

Los números romanos suman en total **85**. Puede escribirse como LXXXV.

JUEGO MATEMÁTICO 61

39 cubos: 4 en la primera capa (contando desde arriba), 6 en la segunda capa, 12 en la tercera capa y 17 en la cuarta capa.

JUEGO MATEMÁTICO 62

a) 10/30 cohetes, que puede simplificarse a 1/3.

b) 2/4 cohetes, que puede simplificarse a 1/2.

c) 5/17 cohetes, que no puede simplificarse.

JUEGO MATEMÁTICO 63

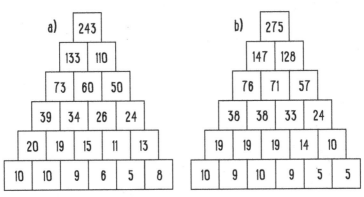

a)

243

133	110

73	60	50

39	34	26	24

20	19	15	11	13

10	10	9	6	5	8

b)

275

147	128

76	71	57

38	38	33	24

19	19	19	14	10

10	9	10	9	5	5

JUEGO MATEMÁTICO 64

a) 56: todos los demás números son múltiplos de 3.

b) 35: todos los demás números son números cuadrados (el resultado de multiplicar un número por sí mismo).

JUEGO MATEMÁTICO 65

5⑤	1	③	3②	2②	4		6⑥
4②	2	③	6	5⑤	3	③	1③
6③	5	4④	1④	1⑥	2		3
2	3③	1②	6⑥	6	5⑤		4②
3③	6	5	4④	1②		2⑥
1④	4②	2	3②	6		5

JUEGO MATEMÁTICO 66

a) 3 9 15 21 27 33 **39**
Suma 6 en cada paso.

b) 1.458 486 162 54 18 6 **2**
Divide entre 3 en cada paso.

c) 1 4 9 16 25 36 **49**
Números cuadrados (o suma 3, 5, 7, 9, 11, etc.).

d) 16 8 4 2 1 ½ **¼**
Divide entre 2 en cada paso.

e) 0,3 0,6 0,9 1,2 1,5 1,8 **2,1**
Suma 0,3 en cada paso.

JUEGO MATEMÁTICO 67

18 ×			8 ×
2	1	3	4
3	12 × 4	2 × 1	2
4 × 4	3	2	24 × 1
1	2	4	3

JUEGO MATEMÁTICO 68

22:25	− 17:25	=	05:00
13:20	− 05:50	=	07:30
23:55	− 12:55	=	11:00
00:50	+ 08:20	=	09:10
09:20	+ 02:20	=	11:40
08:25	+ 03:10	=	11:35
07:55	− 04:25	=	03:30
23:25	− 00:55	=	22:30
18:10	− 16:50	=	01:20
15:25	− 08:40	=	06:45

JUEGO MATEMÁTICO 69

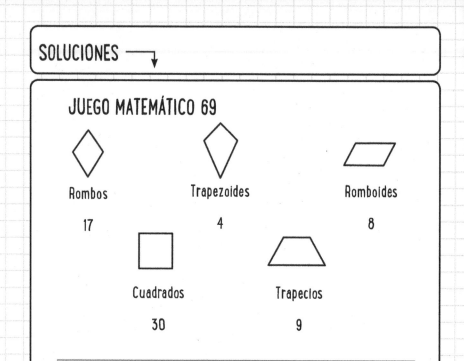

Rombos

17

Trapezoides

4

Romboides

8

Cuadrados

30

Trapecios

9

JUEGO MATEMÁTICO 70

a) 12.5 % del día en el vehículo lunar: $3/24 = 0,125$

b) 1980 grados: una órbita completa son 360°, así que ha rotado $5,5 \times 360$.

JUEGO MATEMÁTICO 71

Hay 42 rectángulos. Si has encontrado más de 35, ¡lo has hecho genial!

JUEGO MATEMÁTICO 72

3	5	4	2	6	1
2	6	1	3	4	5
1	4	5	6	2	3
6	2	3	1	5	4
5	3	6	4	1	2
4	1	2	5	3	6

JUEGO MATEMÁTICO 73

a) $(3 \times 10) + 4 - 1 = 33$

b) $(7 - 2) \times (6 - 3) = 15$

JUEGO MATEMÁTICO 74

a)

			643			
		336		307		
	179		157		150	
97		82		75		75
52	45	37	38	37		
26	26	19	18	20	17	
14	12	14	5	13	7	10

b)

			586			
		297		289		
	151		146		143	
77		74		72		71
40	37	37	35	36		
23	17	20	17	18	18	
14	9	8	12	5	13	5

JUEGO MATEMÁTICO 75

$10 = 3+7$

$20 = 3+17$

$45 = 3+7+17+18$

$60 = 3+4+7+11+17+18$

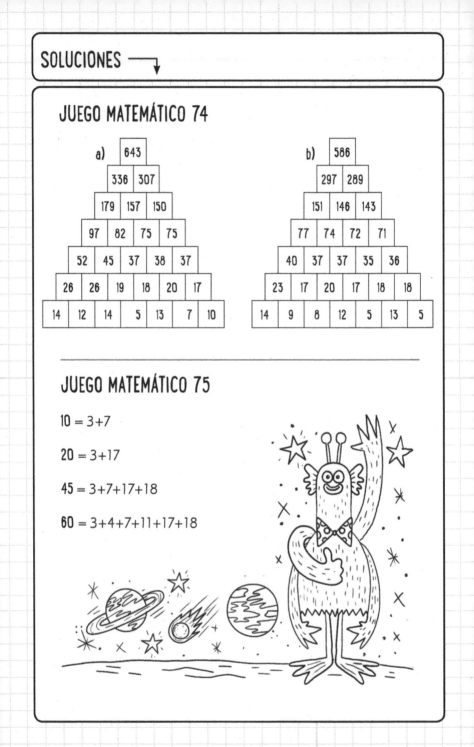

JUEGO MATEMÁTICO 76

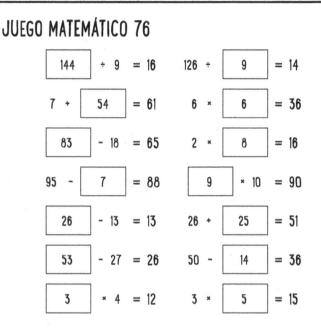

| 144 | ÷ 9 = 16 | 126 ÷ | 9 | = 14 |

$$144 \div 9 = 16 \qquad 126 \div 9 = 14$$

$$7 + 54 = 61 \qquad 6 \times 6 = 36$$

$$83 - 18 = 65 \qquad 2 \times 8 = 16$$

$$95 - 7 = 88 \qquad 9 \times 10 = 90$$

$$26 - 13 = 13 \qquad 26 + 25 = 51$$

$$53 - 27 = 26 \qquad 50 - 14 = 36$$

$$3 \times 4 = 12 \qquad 3 \times 5 = 15$$

JUEGO MATEMÁTICO 77

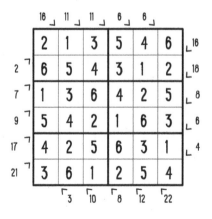

JUEGO MATEMÁTICO 78

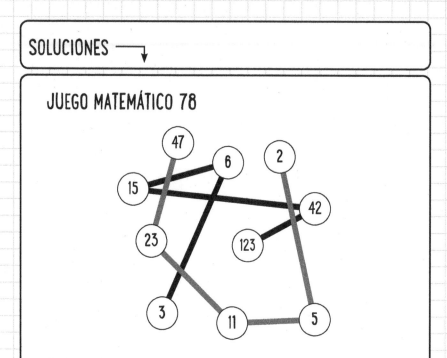

Serie de línea gris: x 2 + 1

Serie de línea negra: x 3 - 3

JUEGO MATEMÁTICO 79

El círculo pesa 1 kg y el cuadrado pesa 2 kg.

JUEGO MATEMÁTICO 80

El 20 % de 60 es 12

El 25 % de 64 es 16

El 30 % de 150 es 45

El 50 % de 40 es 20

El 75 % de 32 es 24

JUEGO MATEMÁTICO 81

21.60 € – 1.42 € = 20.18 €   16.50 € – 76 céntimos = 15.74 €

2.17 € – 76 céntimos = 1.41 €   50 € – 3.88 € = 46.12 €

49.40 € – 43.60 € = 5.80 €   1.74 € – 1.40 € = 34 céntimos

32.60 € – 2.40 € = 30.20 €   39.10 € – 3.54 € = 35.56 €

4.83 € – 1.02 € = 3.81 €   2.20 € + 1.69 € = 3.89 €

4.11 € + 28.90 € = 33.01 €   48.10 € – 14.30 € = 33.80 €

38.90 € – 29.30 € = 9.60 €   47.60 € – 73 céntimos = 46.87 €

1.18 € – 28 céntimos = 90 céntimos   10.90 € – 4.10 € = 6.80 €

2.97 € + 4.92 € = 7.89 €   38.40 € – 7 céntimos = 38.33 €

23.90 € – 4.94 € = 18.96 €   2.86 € + 43 € = 45.86 €

JUEGO MATEMÁTICO 82

4	5	2	6	1	3
1	3	6	4	5	2
3	6	5	1	2	4
2	4	1	3	6	5
5	1	3	2	4	6
6	2	4	5	3	1

JUEGO MATEMÁTICO 83

a) 4 alienígenas

b) 8 alienígenas

c) 2 antenas: es el segundo alienígena de la tercera fila de la página de la izquierda, que suma un total de 11 entre brazos, piernas y ojos

JUEGO MATEMÁTICO 84

$48 = 12 + 17 + 19$ $64 = 22 + 18 + 24$ $70 = 21 + 25 + 24$

JUEGO MATEMÁTICO 85

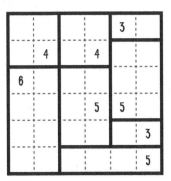

JUEGO MATEMÁTICO 86

JUEGO MATEMÁTICO 87

a) La probabilidad de sacar cara en una tirada es de 1/2. Así pues, la posibilidad de que eso ocurra dos veces en dos tiradas es de 1/2 x 1/2 = **1/4**

b) La probabilidad de sacar cara tres veces seguidas, en tres tiradas, es 1/2 x 1/2 x 1/2 = **1/8**

c) Hay tres formas de sacar dos caras y una cruz en tres tiradas: cara, cara, cruz; o cara, cruz, cara; o cruz, cara, cara. Así, pues, hay tres posibilidades de entre 2 x 2 x 2 = 8 opciones posibles. Por tanto, la probabilidad de sacar dos caras y una cruz es igual a **3/8**

JUEGO MATEMÁTICO 88

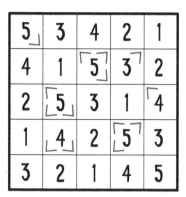

JUEGO MATEMÁTICO 89

$48 =$
3 + 6 + 9 + 13 + 17 (elimina 10, 12);
3 + 6 + 10 + 12 + 17 (elimina 9, 13);
6 + 12 + 13 + 17 (elimina 3, 9, 10);
9 + 10 + 12 + 17 (elimina 3, 6, 13)

$42 =$
3 + 9 + 13 + 17 (elimina 6, 10, 12);
3 + 10 + 12 + 17 (elimina 6, 9, 13);
6 + 9 + 10 + 17 (elimina 3, 12, 13);
12 + 13 + 17 (elimina 3, 6, 9, 10)

$32 =$
3 + 6 + 10 + 13 (elimina 9, 12, 17);
3 + 12 + 17 (elimina 6, 9, 10, 13);
6 + 9 + 17 (elimina 3, 10, 12, 13);
9 + 10 + 13 (elimina 3, 6, 12, 17)

JUEGO MATEMÁTICO 90

5	2	4	3	1	6
1	6	3	4	5	2
3	5	6	1	2	4
2	4	1	6	3	5
4	3	2	5	6	1
6	1	5	2	4	3

JUEGO MATEMÁTICO 91

1 < 2	3	4	5	
2 < 3 < 4 < 5	1			
5 > 4	1	3	2	
4	5 > 2	1	3	
3	1	5	2	4

JUEGO MATEMÁTICO 92

a) 3 barras de pan (3,60 €) y 4 litros de leche (2,20 €)

b) Planté 120 bulbos

JUEGO MATEMÁTICO 93

La respuesta correcta es la opción a).

JUEGO MATEMÁTICO 94

a) Borra el 4 del 46 para que quede 6 + 37 + 58 = 101.

b) Este es más fácil de lo que parece. Solo tienes que fijarte en que 3 x 5 = 15, por tanto 30 x 50 = 1.500. Y luego solo tienes que **borrar el 9** de 90 para obtener (30 x 50) + (75 x 0) = 1.500.

c) El resultado, 2.844, termina en 4, pero el último dígito de los otros tres números es 1, lo que significa que el resultado indicado debe terminar necesariamente en 3. La única forma de conseguir que el último dígito del resultado sea un número distinto a 1 es **borrar el último dígito** de 1.221, de modo que se obtenga: 1.411 + 122 + 1.311 = 2.844.

d) El número de la derecha es un número impar, así que no podemos tener un número par a la izquierda, porque cualquier número multiplicado por un número par da siempre otro número par. Así pues, tenemos que **borrar el 2** de 12 para obtener 1 x 13 x 15 x 17 x 19 = 62.985.

JUEGO MATEMÁTICO 95

a) × 2 + 1   b) ÷ 2 − 2

JUEGO MATEMÁTICO 96

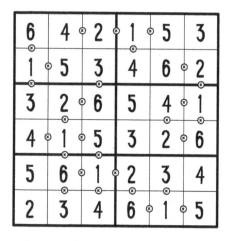

6	4	2	1	5	3
1	5	3	4	6	2
3	2	6	5	4	1
4	1	5	3	2	6
5	6	1	2	3	4
2	3	4	6	1	5

JUEGO MATEMÁTICO 97

a) 112 días

b) 116 días

c) 301 días

JUEGO MATEMÁTICO 98

a) $7 \times 7 - 7 \div 7 =$
7 x 7 da 49, luego le restas 7 para obtener 42. Después, divides entre 7 y el resultado es 6.

b) $77 - 7 =$
Tienes que pulsar la tecla 7 varias veces entre los cálculos.
Si a 77 le restas 7, el resultado es 70.

c) $777 - 77 \div 7 =$
Si a 777 le restas 77, el resultado es 700. Luego, divide entre 7 y obtendrás 100.

JUEGO MATEMÁTICO 99

a)　　7　　17　　26　　34　　41　　47　　**52**
Suma 10, 9, 8, 7, etc., en cada paso.

b)　　59　　53　　47　　43　　41　　37　　**31**
Números primos de valor descendente.

c)　　0,15　　0,3　　0,6　　1,2　　2,4　　4,8　　**9.6**
Multiplica por 2 en cada paso.

d)　　35　　24　　13　　2　　-9　　-20　　**-31**
Resta 11 en cada paso.

e)　　3　　5　　8　　13　　21　　34　　**55**
En cada paso, suma los dos números anteriores.

JUEGO MATEMÁTICO 100

4 (4)	2 (8×)	3 (9×)	1
1	4	2 (16×)	3
3 (18×)	1	4	2
2	3	1	4 (4)

JUEGO MATEMÁTICO 101

	19	24	17	25		23	14
24	7	8	9				
28	4	7	8	9	17 / 16	9	8
17	8	9	30 / 24	7	9	8	6
		17 / 10	30	9	8	7	6
15 / 17	9	2	3	1	23	24	
29	9	7	8	5	16 / 16	9	7
9	8	1	30	7	9	6	8
			24	7	8	9	

NOTAS Y GARABATOS ⟶

NOTAS Y GARABATOS ⟶

NOTAS Y GARABATOS

NOTAS Y GARABATOS →

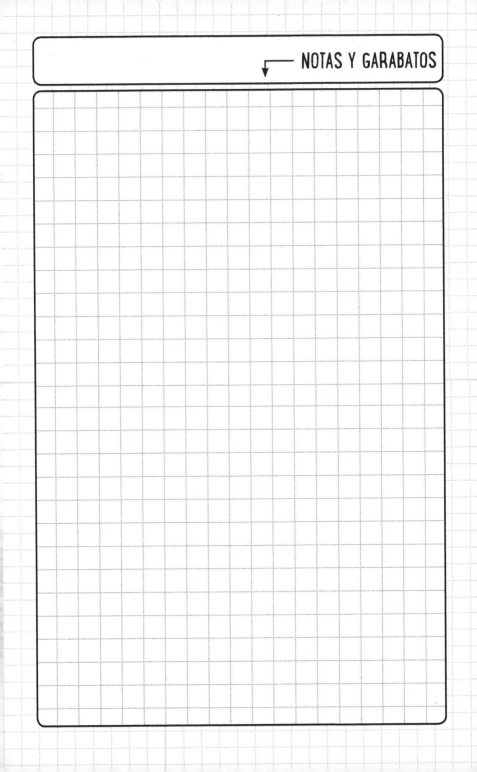

NOTAS Y GARABATOS

NOTAS Y GARABATOS ⟶

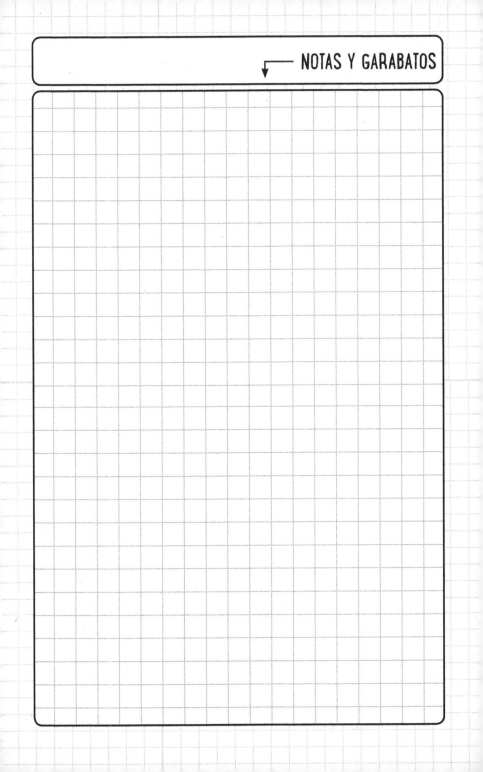

NOTAS Y GARABATOS →

NOTAS Y GARABATOS →